近世日朝流通史の研究

～博多―対馬―釜山海域経済圏の構築～

尾道　博　著

五絃舎

目次

近世日朝流通史の研究

序　論

一　日朝関係の概要と課題

日本は有史以来、中国大陸や朝鮮半島と深く関わってきた。その関わり方は時代によってさまざまであるものの基本的には、日本は政治・経済・社会・文化・思想などにおいて大きな影響を受けていた。こうした大陸とりわけ朝鮮との関係の一端に関わり、重要な役割を担っていたのが対馬島（現長崎県対馬市）であった。

対馬島は、博多から対馬の玄関口の厳原まで約一五〇キロ、対馬島北部の中心地である比田勝から釜山まで約五〇キロに位置して日本で最も朝鮮半島に近い国境の島である。この国境に面した対馬島は、南北八二キロ、東西に一八キロの細長く、島全体の約八二％が山林で覆われている人口約三万七、〇〇〇人の島である。島の面積が約七〇八・六六平方キロで佐渡、奄美大島に次ぐ第三位の大きさ、南北に長い大きい島で、平野がなく海から直ぐに山がそびえ立つ険しい島である。そのため田圃が少なく、農業は活溌なものではなかった。現に徳川期における対馬藩の米の自給率は、わずか二パーセントしかなかった。それは石高制が貫徹されていないことを意味している。対馬藩の石高は、対馬島内では麦を石高に換算して二、〇〇〇石にも満たず基本的には無高とされ、飛び地の肥前田代など一三、〇〇〇石弱に過ぎなかったものの朝鮮貿易の利益を考慮して二万石とされていた。また対馬藩は海で囲まれていることから漁業が発達していると思われているが、筑前鐘崎（現福岡県福津市）から海士を呼び寄せ対馬の漁民たちに海士の技術を伝授したり、泉佐野（現大阪府泉佐野市）の漁民に特権を与え鰯網漁を行わせたり、また魚介類を福岡藩から移入するなど、海で囲まれた島でも漁業の発達が乏しかったことが窺える。

このような対馬島の経済事情を抜きにして、朝鮮貿易は論じることはできない。つまり対馬島は、歴史的に朝鮮貿易を行うことでしか生存することは出来なかったとも言える。いずれにしても対馬藩は、主たる産業になるものもなく朝鮮貿易を行うことによってのみしか自立の道はなかった。

こうした対馬島を支配していた宗氏が対馬島で勢力を伸ばしたのは、鎌倉時代から室町時代にかけてであった。鎌倉時代から対馬島を支配した宗氏は、太宰府の官人惟宗氏の一族が少弐氏の家臣となり地頭代に任命され、武士化して宗氏と称するようになったことが始まりとされている。文明年間以後、宗氏は少弐氏から袂を分かつことになった。宗資国は文永一一年（一二七四）に起きた文永の役で対馬守護であった少弐氏の地頭代として、対馬の小茂田付近の佐須浦で高麗軍を含めた元軍と戦い全滅した。

南北朝期になると日本人を中心に武装商人団であった前期倭寇が、朝鮮半島沿岸部を中心に略奪を繰り返し、「国境」の意識をもつこともなく活動していた。この倭寇が朝鮮半島を襲撃するなどしたため朝鮮は、応永二六年（一四一九）に倭寇の根拠地とされた対馬島を襲撃する応永の外寇（己亥東征）を起こした。その後朝鮮は倭寇を懐柔するためさまざまな優遇策をとり、平和的な通交時代を迎えていった。その結果、朝鮮に帰化する日本人（投化倭）が増加する一方で、名目的な官職を与えられた受職人もいた。こうして日本人たちは室町時代になると朝鮮の沿岸部に住み着くようになった。しかし朝鮮側は日本からの貿易船の渡航数や入港する港を制限するようになった。つまり応永三〇年（一四二三）に富山浦（釜山浦）、熊川の薺浦（乃而浦）、応永三三年（一四二六）に塩浦（蔚山）の三浦に貿易港を限定した。そしてこの三浦に対馬島人をはじめとする日本人たちが居住するようになり、倭館を設置して日本人街を形成した。この三浦に居住する日本人を恒居倭と称していた。

こうしたなか嘉吉三年（一四四三）に対馬島主と朝鮮との間で嘉吉条約（癸亥約条）が締結された。この条約によって対馬は貿易船を制限される一方で、宗氏は一部の家臣に朝鮮通行権を給与し、島内の支配権を確立していった。

この三浦において恒居倭と対馬島の宗氏と連合して反乱を起こした。いわゆる三浦の乱（一五一〇）である。その結果、永正九年（一五一二）に壬申約条が締結され三浦での恒居倭の居住は認められなくなり、歳遣船が五〇艘から二五艘に制限され、特送船は廃止され、歳賜米豆は半減、かつ貿易港も薺浦一港のみが認められたに過ぎなかった。このことは朝鮮貿易を生命線とした対馬にとって極めて重要な問題であった。宗氏は癸亥約条の内容に戻す外交交渉を行うと同時に、偽使を派遣するなどして権益の復活を目指した。その結果、大永元年（一五二一）には釜山浦が追加されたが、長禄元年（一五四七）に丁未約条が締結され日本人の入港する港が釜山浦一港のみとなった。さらに達梁の倭変をへて弘治二年（一五五七）に丁巳約条が結ばれ歳遣船が三〇艘になった。この条約内容が文禄の役まで基本的に継続された。この一六世紀半ば頃から中国人を中心とした後期倭寇と呼ばれる中国人商人たちは、国境など関係なく中国大陸、朝鮮半島から日本にかけて貿易活動を行いながら九州沿岸に住み着くようになった。

こうしたなか豊臣秀吉が政権の座につき二回の朝鮮侵略を行ったものの、いずれも敗北して朝鮮半島から撤退することになり、日本特に対馬と朝鮮半島との関係が断絶することになった。この侵略は対馬から朝鮮半島の海域には「国境」という大きな壁が存在することを知り得るきっかけとなった。このように日本は朝鮮半島を侵略するなど負の歴史的事実から外交関係に支障をきたすようになったことから、「近くて遠い国」と称されている。

朝鮮侵略に敗北した武家政権であったが、徳川家康が権力を把握して平和的外交を展開することになり、日朝両政権の対立関係は解消することになった。つまり徳川政権のもと対馬藩は、朝鮮政府との関係を修復することに成功を収め、結果として、徳川政権も朝鮮政府と平和的な関係を構築することができた。しかしながら対馬藩は、関係修復のため何回ともなく朝鮮へ使節を送ったが、その使節が帰って来ることはなかった。あまりにも頻繁にくる対馬藩の使節に対して朝鮮政府は、対馬藩に対して先の朝鮮侵略によって朝鮮王の墓陵を壊した人物を差し出すこと、徳川家康が最初に外交文書を出すこと、の二点の回答を求めた。それに対して対馬藩は、犯人は対馬島内の罪人から選び朝鮮に送り届けると言う冤罪を演出した。また対馬藩は関係修復を早く図るために朝鮮の要求に応え外交文書を偽造して徳川家康から朝鮮国王に送ったようにした。その結果、対馬藩は偽造した外交文書のもと幕府が認めるなか朝鮮と慶長九年（一六〇九）己酉約条の締結に成功した。これにもとづいて対馬藩と朝鮮との関係は修復することができたが、この外交文書の偽造は、後に柳川一件によって露呈し、対馬藩のお家騒動に発展していった。幕府もその対応に苦しんだものの外交業務を対馬藩に一任する一方で、対馬藩にその見返りに貿易の許可を認めることで落着した。その結果、中世的な重層的通交貿易関係から脱して、統一的な通交貿易関係が確立することになった。こうして対馬藩は、統一的な関係を構築し、国家と国家の関係、つまり対馬島から朝鮮半島の海域にかけての「国境」の存在のもと朝鮮貿易を営むことになった。

この己酉約条は、幕府の外交方針とした鎖国体制が確立する以前に幕府が認めたものであった。その後鎖国体制のもと四つの貿易口が開かれた。つまり徳川政権は長崎口（オランダ、中国）、対馬口（朝鮮）、薩摩口（琉球）が異国と、松前口（アイヌ）が異域との貿易を行うことを認めた。とりわけ対馬藩の朝鮮貿易は、重要な貿易口の一端を担うようになった。こうした鎖国体制での貿易の中心は、長崎における対中国貿易やオランダ貿易であった。しかしながらこの時代においては、対馬藩が営む朝鮮貿易における取引量が多い時もあり、取引品においては朝鮮口からしか輸入できない当時の貴重な薬種である朝鮮人参などがあり、これらの商品は国内で商品価値が高く、莫大な利益を生み出した。これによって対馬藩の藩経済は再生産することができた。このような朝鮮貿易は、鎖国体制のもとで対馬藩の経済状況を抜きにして論じることはできない。

こうした日朝貿易の研究は、対馬藩の経済状況を理解しながらも幕府の外交政策の視点で論じられてきた。そのため日朝貿易の研究は、対馬藩と朝鮮政府との取り引きにも関わらず幕府の経済政策や外交政策などを中心に行われてきた。しかしながら日朝貿易は対馬藩の経済問題が基本であることを考えると、国内の船籍をもつ廻船が、何故国境の島の対馬藩へ生活物資を輸送してきたのか、供給することを可能にしたのかと同時に、生活物資が購入できた背景について考察する必要がある。そのため本書では、朝鮮貿易（とりわけ輸入）における商品流通の実態と問題点、そして多くの廻船が対馬藩に生活物資などを輸送してきた実態とその背景を、課題として取り上げることにする。

二　本書の構成と目的

徳川政権のもと博多—対馬—釜山間の海域におけるモノ（＝日朝間の貿易品）・ヒト（＝倭館での外交・貿易に関わる武士、商人など）・情報（日本や朝鮮の状況把握）の交流を踏まえ、国境の小さな島である対馬藩に西日本各地の廻船が貿易物資や生活物資を輸送してきたのは、朝鮮貿易の輸入品が国内に流通することを前提にしていたからである。

こうした朝鮮貿易からの貿易品（輸入品）の数量や取引額と日本の国内供給地（特に大坂以西〜九州）からの物資とその輸送について検討することによって対馬藩の藩経済が確立することができたことを明らかにするのが本書の目的である。

本書は、二部構成からなっている。第一部は貿易形態のうち回賜・進上の一形態である求請の重要な取引品である求請鷹の性格について論じることによって朝鮮貿易の性格や鎖国体制のもとでの朝鮮貿易の位置づけを明らかにするとともに、私貿易における輸入品の代表である朝鮮人参、白糸についての実態と問題点を明らかにすることを目的とする。

第二部は、国境の小さな島の統治を行っていた対馬藩（宗氏）は、厳しい経済状況のなか西日本各地の廻船によって多くの色々な物資が輸送されてきたことを明らかにすることを目的とする。つまり朝鮮貿易において流通してきた取引品を府中・厳原港（対馬藩）から国内へ輸送する廻船は、同藩へ生活物資を輸送してきた帰船が中心であった。そのため対馬藩へ輸送してきた廻船の規模とその廻船が所属する藩籍ならびに生活物資と、それをどこから調達していたのかを明らかにすることによって、対馬藩の流通圏を考察することである。さらに朝鮮貿易の物資や国内から対馬藩へ輸送される商品の供給地として、あるいは経済情報の発信基地としての博多蔵屋敷があり、その性格付けをすることも目的の一つである。

このように対馬藩は、鎖国体制のもと異国である朝鮮を通信国として日本との経済交流を実現させることができる唯一の藩であり、かつ徳川政権は、対馬藩を抜きにして権力の象徴としての鷹、衣服の原料としての生糸、医薬としての朝鮮人参を手にいれることができないことからも、対馬藩に視点をおき朝鮮貿易を論じることは頗る価値あるものといえるし、それが本書の目的でもある。

三　近世日朝貿易の位置づけ

—鎖国論への問題提起—

一　問題の所在

近年、「鎖国（論）」を論じる視点、あるいはその評価は、大きく変化してきた。それは貿易史、対外交渉史、更に朝鮮史、中国史の研究が進むにつれて色々な事実が明らかになり、多角的な視点から鎖国体制が論じられるようになり、これまでの「鎖国体制」における幕府の外交と貿易の実態との間に大きな違いが生じてきているところに起因している。こうしたことから本書では、内田銀蔵氏、板沢武雄氏、岩生成一氏、田中健夫氏、山本博文氏、荒野泰典氏、田代和生氏などの先行研究を踏まえ鎖国論への問題の整理と問題提起を行うことにする。

そもそも鎖国なる言葉の由来は、エンゲルト・ケンペルの『日本誌』(上巻（一七七七）、下巻（一七七九）の一章を享和元年（一八〇一）に通詞志筑忠雄が「鎖国論」と訳したことに始まる。この「鎖国論」の本来の訳は、「今の日本人が全国を鎖して、国民をして国中国外に限らず、敢て異域の人と通商せざらしむる事、実に所益あるに与れりや否やの論」である。(1) ただ、その後鎖国の言葉が国内に普及するには、幕末に日本が開国する時期まで待たなければならなかった。

幕末から第二次世界大戦にかけて鎖国論は、主にヨーロッパとの関係に視点がおかれることになった。その上で鎖国は、日本の近代化にとってプラスかマイナスかと言った「鎖国得失論」として評価がなされ、「損失論」が優位を占めていた。(2) 徳川政権が鎖国を行った要因としては、第一にキリスト教の禁止が上げられる。この禁教の問題は、キリスト教（カトリック）国のポルトガル船の来航禁止と同じ問題である。第二に日本人の海外渡航禁止の問題が上げられ、このことが記されているのが所謂鎖国令である。こうしたことから鎖国論は、鎖国令の問題として論じられるようになった。

鎖国論は、内田銀蔵氏が明治四一年（一九〇八）の段階で論じるなかで「寛永の鎖国令」として寛永一一年令を長崎奉行に与えた下知状としていることを指摘したことから始まっていると言ってよい。鎖国は、政治、宗教上の理由であって経済上の理由は含まれておらず貿易を縮小し外国との関係を絶つことは考えていないとしている。(3) それを踏まえて昭和九年（一九三四）に板沢武雄氏が「寛永の鎖国令」は、寛永一〇年（一六三三）二月二八日（条目十七ヵ条)、寛永一三年（一六三六）

五月一九日（条目十九ヵ条）および寛永一六年（一六三九）七月五日（条目三ヵ条）の三回にわたって長崎奉行に附与した条目であるとする内田銀蔵氏の考えを展開させている。(4)

戦後になると林基氏の「糸割符の展開―鎖国と商業資本―」(5)によって糸割符取り引きを通して糸割符商人との関連で、新しい視点ではじめて鎖国が論じられた。これを契機にキリスト教のみならず商業資本、(6)都市政策など新しい視点で鎖国が論じられるようになった。このような視点は六〇年代中葉までの主流であった。ところが六〇年代末になり日本が高度経済成長期に入っていくなかで、岩生成一氏は五つの法令を鎖国令と規定したうえで鎖国とは、幕府のキリスト教禁止政策と貿易の極端な制限と取り締まりを受けた国際的孤立状態と定義した。(8)この岩生成一氏の定義はひろまり、高等学校の「日本史」の教科書にも引用されたこともあり第一回鎖国令から第五回鎖国令が全国的に認知されることになった。しかし研究が進化していくなかで岩生成一氏が定義した鎖国令は、後述するように長崎奉行に与えられた職務規程であることが明らかになった。

それに対して七〇年代に入り日本が経済において世界第二位の成長を遂げ、先進国に仲間入りすると、田中健夫氏は鎖国をポルトガル人に対する外交・貿易、宗教上の交渉の断念と、日本人の海外渡航の禁止のことであると規定し、東アジアの伝統的な国際慣習や制度に根ざしたものと指摘した。(9)また朝尾直弘氏は鎖国についてアジアとの関係をも含むべきであるとことを提起した。(10)それに対応するように対外交渉史の研究者などからアジアに視点をおいた鎖国論の見直しが始まることになった。

その第一歩となったのが、荒野泰典氏の論考である。鎖国を「人民に外交なし」とする前近代東アジアの伝統的な観点としたうえで、海禁と華夷秩序の二つの概念に置き換え、鎖国を「日本型華夷体制」の構築であり、入国管理体制であるとし、鎖国に代わって「海禁」といった言葉を提起し、この「海禁・華夷秩序」のもと長崎口、対馬口、薩摩口の三つの貿易口が存在していたことを明らかにした。[11]

それに対して山本博文氏は、鎖国令を検討し、元和二年令（一六一六）が徳川政権の対外政策のうえで一つの画期と捉えたうえで、寛永一〇年令（一六三三）を評価するなかで従来の禁教と幕府による貿易独占体制を踏まえ、ポルトガル船などの入港に備えて長崎警備を中心に九州各大名に遠見番所の設置など九州西岸防備を義務づけたことから鎖国の言葉を従来通り用いて沿岸防備体制であると主張した。[12]

こうした過程において岩生成一氏が規定した第一回鎖国令と言った名称が「寛永一〇年令」といった表現に変わっていき、山本博文氏が所謂鎖国令は、内田銀蔵氏や板沢武雄氏の長崎奉行へ附与された条目をさらに長崎奉行の職務規程であることを明らかにし、それが各大名に伝播していったことも明らかにした。[13]こうした研究を踏まえて鎖国令の名称は、徐々に使われなくなり、鎖国体制の見直しがはじまった。

一方、貿易史の視点からは、鎖国体制において長崎貿易（長崎口）、朝鮮貿易（対馬口）、琉球貿易（琉球口）、アイヌ貿易（松前口）の「四つの貿易口」があり、そこで貿易が行われていたことが明らかにされてきた。[14]特に長崎貿易、朝鮮貿易、琉球貿易の研究が進み、実態も明らかになり、とりわけ朝鮮貿易は田代和生氏などによってかなり解明されていくなかで朝鮮貿易の意義はこれまで以上に大きいことが明らかになってきた。[15]いずれにしても一七世紀から一九世紀の日本において貿易活動は、かなり活発に行われていたのも事実である。つまり鎖国は単に国の門戸を閉ざしたとすることを意味するものではなかった。

また貿易史の個別研究として九州各藩の貿易政策を研究した武野要子氏は、鎖国体制のもとで福岡藩など九州各藩が主導した長崎口での藩貿易の実態を明らかにした。[16]

こうした研究から鎖国を、日本の近代化にとってむしろプラスとして評価しようとする動きが生じてきた。その背景の一つには、長崎貿易をはじめとした日朝貿易、琉球貿易の実態が明らかになるにつれ、それらが徳川政権の経済にとって極めて重要な貿易口であったことが実証されたことが上げられる。第二に日本の工業化問題とからませ問題提起がなされた。[17]つまり、紡績業の発達は、従来対イギリスとの競争の視点から論じられていたが、むしろ対インドとの競争に代表されるように東アジア内での競争があり、はじめて可能であった。ここに「アジア域内貿易」の重要性が提起されたのである。[18]そして、この工業化の問題から、歴史の連続性、非連続性の問題として鎖国の問題が、クローズ・アップされるようになった。その結果、歴史の連続性として鎖国が日本の国内問題から脱皮して、アジアとの関係からも検討されはじめた。

すでに鎖国が日本の社会・経済発展にとって損失であるといった見解は、説得力をなくしていると言えよう。ただ、鎖国に代替する当時の貿易・外交の実態に適した言葉が、みいだしきれない現状から、従来通りの鎖国と東アジア共通の外交認識から海禁とするほうが的確であるとする考えも提起されている。こうしたことから本書では、徳川政権の外交・貿易政策のことを鎖国―海禁と表現することにする。

以上のように見てきたことから確かに六〇年代には、岩生説には説得力があったのも事実であろう。しかし次節で記述するように鎖国令が長崎奉行所の職務規程であることが明らかになったことから、鎖国令は長崎貿易における管理体制のなかでの法令として位置づけられることから、幕府の貿易政策全体としての意味をなくしている。そのため鎖国体制については長崎口のみのことではなく、残りの三つの貿易口での取り引きを含めて再度、鎖国論について論じる必要がある。加藤榮一氏が警告しているように鎖国は、外来文化や国際情報の受容を一切拒絶しているのではない。[19]ここでは日朝貿易から鎖国について考察することも目的の一つであることから日朝関係を規定した己酉約条について検討する。

最後に、外国における鎖国に関する研究は、七〇年代にアメリカのロナルド・トビ氏によるものが最も著名であろう。ロナルド・トビ氏は対外交渉史に視点をおき、公儀＝将軍の権力の正当性の問題として鎖国を考察した。[20]

日朝貿易の一方の当事国である韓国における近世日朝貿易の研究は、当然ながら朝鮮からみた対日貿易が、問題になるであろう。しかしながら韓国の学会において海禁の言葉が使われているが、この種の問題を取り立てて議論されているとは言い難い[21]。

二　鎖国令について

これまで鎖国令として寛永年間に発令された五つの法令が規定されているが、いずれも「長崎奉行江之奉書」「條々」などの題目で発令されており、この時点までは鎖国なる言葉は存在しなかった。鎖国の名称は、前述の通り享和元年（一八〇一）にはじめて使われ、その後幕末の開国の言葉に対応して使われ出した。実は板沢武雄氏は、昭和九年（一九三四）に寛永一〇[22]（一九三五）、同一三年（一九三八）、同一六年（一九四一）の長崎奉行に付与した条目を寛永の鎖国令としてあげている。長崎奉行に附与した条目は、更に長崎奉行の職務規程として長崎奉行に任命された者に示されたものであると山本博文氏によって明らかにされた。この職務規程が口コミにおいて各大名に伝えられ、それを各大名たちが厳守したことが如何にも幕府が命じた法令のように伝えられてきたのである[23]。こうしたことから鎖国令は「寛永一〇年令」などとする最近の研究成果を踏まえた表現のほうがむしろ的確な表現であるといえる。ただ今日、鎖国令については既に使われなくなっているが、本書では鎖国体制を考察するうえで敢えて使用することにした。

徳川政権の外交政策の画期として元和二年令のポルトガル船とイギリス船の来航地を長崎と平戸に限定したことだと言われているが[24]、第一回鎖国令は寛永一〇年まで待たねばならなかった。その「寛永一〇年令」は、次の通りである[25]。

長崎奉行江之奉書

覚

一、異国江奉書船之外、船遣候儀、堅停止之事

一、奉書船之外ニ、日本人異国江遣申間敷候、若忍候而乗まいり候もの於有之ハ、其ものハ死罪、其船并船主共ニ留置、言上可仕之事、

一、異国江渡り住居在之日本人来候ハヽ、死罪可申付候、但、不及是非仕合有之而、異国ニ致逗留、五年より内ニ罷帰候ものハ、遂穿鑿、日本ニとまり可申ニつきては、後免、併異国江又可立帰ニおゐては、死罪可申付候事、

一、伴天連宗旨有之所江ハ、従両人可申遣之事

一、伴天連訴人ほうひの事、
附、上之訴人には銀百枚、それより下ハ、其忠にしたかひ可相計之事

一、異国船申分有之而、江戸江言上之間、番船之事、如前々大村方江可申越之事、

一、伴天連宗旨弘候南蛮人、其外悪名之もの有之時ハ、如前々大村方籠ニ可入置之事、

一、伴天連之儀、船中之改迄、入念可申付事、

一、諸品一所江買収申儀、停止之事

一、奉公人於長崎異国船之荷物、唐人前より直ニ買取候事、停止之事

一、異国船荷物之書立、如前々商売可申付事
一、異国船ニつみ来り候白糸、直段を立候而、不残五ケ所へ割符可仕之事、
一、糸之外諸色之儀、糸之直段極候而之上、相対次第商売可仕之事、
一、異国船もとより候事、九月廿日切たるへき事
　但、遅来候船ハ、着船而五十日切たるへき事
一、異国船売残し之荷物、預置候儀も又預り候事も、停止之事
一、薩摩、平戸、其外いつれ之浦に着船候船も、長崎之糸之値段之如くたるへし、長崎にて直段立て候以前、商売停止之事
右條々、可被守旨もの也、仍執達如件

寛永十年酉二月廿八日

伊賀
信濃
讃岐
大炊

曽我又左衛門殿
今村傳四郎殿

この内容は、第一に、日本人の海外渡航は、条件付きで認められていた。つまり奉書船制度である（一カ条から三カ条）、第二に、キリスト教の取締（四カ条から八カ条）、第三に、この法令の中心である生糸貿易に関するものである（九カ条から一七カ条）。この「寛永一〇年令」は「長崎奉行江之奉書」として発令されており、あくまで長崎奉行に出された法令であることがわかる。この段階では、最後の条文の「薩摩、平戸、其外いづれ之浦に着候船も（後略）」からもわかるように、異国船がどの港にも入港することは自由に認められていたのである。以上のことから、この法令の大部分は、キリスト教の取締と生糸の統制、貿易港の自由な着岸に当てられていることがわかるであろう。第二回鎖国令の寛永一一年令と第一回鎖国令（寛永一〇年令）と同じ条文である。第三回鎖国令の寛永一二年令は日本人の海外渡航禁が全面的に禁止されたことと、薩摩藩への貿易船の着船が禁止された。第四回鎖国令の寛永一三年令においては、ポルトガル人と日本人の混血児の帰国が禁止された。この間の詳細はほかの研究に委ねることにする。

次に最後の鎖国令と言われているのが、「寛永一六年令」である。それは次の通りである。(26)

太田備中守御前江被召し出、御用之覚書被渡下、所謂御当家令條ニハ、肥前長崎制札トアリ

條々

一、日本国被成御制禁候切支丹宗門之儀、乍存其趣、弘彼宗之者、今ニ密々差渡之事、

一、宗門之族、結徒當企邪儀、則誅罰之事、

一、伴天連同宗旨之者かくれ居所江、彼国よりつけ届物送りあたふる事
右因茲、自今以後、かれうた渡海之儀被停止之畢、此上若差渡ニおゐては、破却其船、
并乗来者速可被虚斬罪之旨、所被仰出也、仍執達如件
寛永十六年卯月七月五日
対馬　守在判
豊後　守在判
伊豆　守在判
加賀　守在判
讃岐　守在判
大炊　守在判
掃部　守在判

右かれうた御仕置奉書

覚

一、切支丹宗門之儀、御制禁之上、爾守其旨、伴天連并宗旨之者不可乗来、若致違背
候者、其船中悉可為曲事、自然隠し乗せ来ニおゐてハ、同船之者たりという共、
可申上之、急度御褒美可被下之もの也、
是ハ唐船に乗来族江相傳覚書

覚

一、切支丹宗門之儀、堅御制禁之上、爾守其旨、弘彼法もの不可乗来、若致違背候者、其船中悉可為曲事、自然隠し載来るにおゐてハ、同船之ものたりといふ共、可申上之、急度御褒美可被下之者也、

是ハ阿蘭陀人江相傳之覚書

寛永十七辰年

この「寛永一六年令」の内容のうち「條々」は、生糸に関する条文や貿易港に関するものではなく、あくまでもキリスト教の禁止とポルトガル船の来航禁止の二点に集約されている。同時に次の「覚」の二つには、ほぼ同文で中国やオランダ人にも通知されていたことがわかる。一応この「寛永一六年令」をもって「鎖国体制」は完成したとする見解もある。これら鎖国令は、キリスト教の禁止、日本人の往来禁止、ポルトガル船の来航禁止、生糸に関する法令のみである。厳密に言えば日本全土に対して発令されたものと言うよりは、長崎口のみを対象にしたものと言える。しかしこの条文の内容は各藩に伝播し、各藩はそれを厳守して行くことになった。長崎の貿易体制は、オランダ商館の出島移転によって一段落することから寛永一八年（一六四二）をもって完成したとしたほうがよかろう。

このように長崎を対象にした法令が鎖国令として徳川政権の外交・貿易政策を全国に明示した法令として論じられた点に、鎖国論の一つの大きな問題があった。しかも五つの鎖国令においては、例えば朝鮮貿易（朝鮮口）、琉球貿易（琉球口）の窓口である対馬藩や薩摩藩については、何一つ触れられていないのである。長崎以外にも三つの貿易口があり、徳川政

権の外交・貿易方針を論じる場合、長崎と同量の生糸を補完する量が対馬口や薩摩口で取り引きされていることからも三つの貿易口についても言及する必要がある。つまり五つの鎖国令には、実際の貿易口に関しては、全く記されていない。

こうしたことから鎖国体制は、直轄領長崎を中心とする沿岸防備体制と幕府の外交貿易体制＝出入国管理体制としたい。[27]つまり貿易史の視点からは、この沿岸防備＝出入国管理体制のもとで四つの貿易口で取り引きが行われていたことの現実を忘れてはならない。鎖国体制のもとでは長崎貿易のみならず朝鮮貿易や琉球貿易それにアイヌ貿易も行われており、この点を欠落させて論じられていたことが第二の大きな問題である。すなわち鎖国体制において長崎貿易、朝鮮貿易、琉球貿易、松前貿易の四つの貿易口のうち、朝鮮貿易は対馬藩を通じて幕府が唯一外交関係を認めたうえで、対馬藩が独占することが許された。逆に言えば、朝鮮貿易は、対馬藩なくして営むことができず、対馬口があったからこそ幕府が輸入に最も力を入れていた生糸や貴重な薬用である朝鮮人参、それに鷹などが輸入されていた。スペイン商人アビラ・ヒロンによれば一七世紀初の日本人の衣類について「人々はおしゃれに浮身をやつして来たので、現在でもチナやマニアから渡来するすべての生糸をもってしても、彼らには充分ではないありさまだからである。（中略）その生糸を、この王国では年々歳々、三千から五千五百ピコ（一ピコ＝一〇〇斤＝約六三キロ、一八九、〇〇〇～三四六、五〇〇キロ…著者註）どうかするとその上消費する。（中略）この生糸は白い生絹で、まことに上質であるが、彼らはそれを実に見事に精製し、すばらしい手際で白い絹を織ると、ついで着物すなわち衣服になるように裁断する。（中略）男女の別なく、みんないろいろな色で色彩をほどこした着物をまとっているし、少女も、未婚の娘も、たとえ五〇才を越した人妻もである。[28]」と紹介している。これは誇張した言い方かも知れないが、絹の需要が高かったことが伺える。これら朝鮮人参、生糸は、国民生活において最も貴重な輸入品であったことは確かである。しかも、ポルトガル船来航禁止を行うのに際して、生糸の輸入が減少することが心配の一つであったことから幕府は、対馬藩に対して多くの生糸を輸入する様に手を打ったほどの貴重な貿易品であった。[29] そのほかにも多くの重要な商品が取り引きされており、日本経済への影響は決して少なくはないことは明らかにされている。

それにも関わらず、鎖国論を論じるときは、何時も朝鮮貿易や琉球貿易はその対象から外されている。これまでの鎖国論において、このことが大きく欠落しており、大きな問題点であることを指摘しておきたい。とりわけ、朝鮮貿易は鎖国体制のもとでかなりの繁栄をみせていた。対馬藩による朝鮮貿易は、対馬藩のみならず幕府にとっても重要な貿易口であったことは確かである。これまで見てきたようにこの朝鮮貿易は、鎖国体制の一翼を担っていたことは否定できない。つまり、徳川政権が認めた己酉約条にもとづいて営まれている朝鮮貿易は、鎖国体制の一端であるといってよかろう。

三　己酉約条締結の意義

徳川政権は、諸外国と外交関係の締結に向けてあらゆる努力を行ったが、対馬藩を媒介として朝鮮と外交関係をもつことに成功した。その際対馬藩が締結したのが己酉約条である。約条は英語で表現するとagreement、それに対して条約はtreatyである。このように英語表記から明らかに己酉約条が徳川政権と朝鮮国との条約と言うよりは対馬藩と朝鮮政府が締結した協定と位置づけてよい。[30] この約条は、徳川政権における朝鮮との外交・貿易の出発点である。それは次の通りである。[31]

一、館待有三例、国王使臣為一例、対馬島主特送為一例、対馬島受職人為一例、
一、国王使臣出来時、只許上・副船事、
一、対馬島歳遣船弐拾隻、内特送船三隻、合弐拾隻事、大船六隻、中・小各七隻
一、対馬島主処、歳賜米・太并壱石百石事、

一、受職人歳一来朝、不得遣人事、
一、船有参等、弐拾五尺以下為小船、弐拾陸尺、柒尺為中船、弐拾捌尺・玖尺・参拾尺為大船、船夫、大船肆拾、中船参拾、小船弐拾、為定額、若不足側以点数給料事、
一、凡新遣船皆受対馬島主文引、而後及来事
一、対馬島主処、依前例、図書成給、著見様於紙、蔵礼曹及校書館、又置釜山浦、毎所契来、憑考験其偽、違格船還入送事
一、無文引者及不由釜山者、以賊論断事、
一、過海料、対馬人給五日量、島主特送加五日量、日本国王使臣給弐拾日量、
一、他余事一依前規事、

このように己酉約条は、第一に日本から朝鮮に赴く使節について、第二に渡航船の大きさと数について、第三に渡航に関することの三つの内容からなっている。そして最後の「他余事一依前規事」とあり、対馬藩が以前に締結した条約の継承を明示している。ここに対馬藩は、従来通り朝鮮に倭館を設置することが認められ、ここで外交・貿易の一切を取り扱うことになった。この意味では、朝鮮国は通信国であるのと同時に通商国であるとも言えることができ、むしろ近代的な外交貿易関係に近かったといえるのではなかろうか。

ところで、延宝六年（一六七八）に完成した倭館は、東西三五〇間、南北二五〇間で約一〇万坪程度の規模と言われている。この倭館において外交行事や貿易活動が行われていた。倭館には東館、西館があり、東館は館守屋、開市大庁、裁判屋、西館は東大庁、中大庁、西大庁から成り立ち、それぞれに三大庁と呼ばれていた。この倭館には多くの日本人が赴き、

滞在していた。しかも、多いときに七〇〇人強、平均的に約五〇〇〇人ほどが常駐していたと言われている。[32] このように幕府は、対馬人の釜山倭館への渡航を認めており、寛永一〇年令の日本人の海外渡航禁止と矛盾が起こることになる。この点について鎖国論のうえで問題点となったことはない。

徳川政権のもとでの貿易活動を見た場合、長崎貿易が中心であったことは否めないが、朝鮮貿易も重要な貿易口であり、その中心を担ったのが倭館であった。幕府にとって朝鮮貿易は、例外的として取り扱うことができるほど小規模なものであればさほど問題はないが、この貿易は第一に生糸輸入において長崎以上の取引量があったとも言われていること、[33] 第二に薬用として貴重品である朝鮮人参の取引口であったこと、第三に徳川政権の権力の象徴として実施されていた鷹狩りの鷹の供給口などから、むしろ日本の衣類・薬種・権力の象徴の供給を担った貿易口であった。こうしたことから対馬藩が経営する朝鮮貿易は日本国内への影響が大きく単に例外として片づけることはできない。こうしたことから朝鮮貿易において対馬藩のおかれている立場は、すこぶる大きなものであった。

一方対馬藩から見た場合、実質無高であるにも関わらず朝鮮貿易を営む代償として対馬藩は、一〇万石格の大名と位置づけられていた。朝鮮貿易は藩経済の再生産を可能にし、対馬藩の命綱であった。そのため対馬藩は朝鮮貿易を発展、継続させるためにも、幕府との関係を良好にしておく必要があった。その中心となるのが倭館の存在であった。日本人は倭館から許可なく外出することは認められなく、朝鮮貿易は倭館でしか取り引きすることが許されなかった居留地貿易である。こうした倭館貿易の形態は、これから遅れること三〇年、オランダ貿易、中国貿易において、はからずも日本国内で同じ貿易形態の居留地貿易として実現することになった。

この対馬藩の朝鮮貿易と幕府の貿易政策との関連については、連動していっていると言ってよかろう。つまり幕府の貿易政策は自由貿易から統制貿易へ、さらに幕府財源として貿易を位置づけていた。[34] 具体的には市法貨物商法、御定高法と貿易額の規制を行う一方で、銅代物貿易が運上金の支出を条件に認められる長崎運上金制度が構築された。とりわけ貿易額や船数の制限まで行った御定高法は、後述するように長崎貿易のみならず朝鮮貿易にも適用された[35]。このように幕府の貿易政策は、朝鮮貿易も組み込みながら統制貿易が実施されていった。

しかしながら幕府の貿易政策に組み込まれる形をとる対馬藩は、藩経済を潤わせることが最優先であった。このように対馬藩は、幕府との関係をうまく活用することによって朝鮮貿易を営むことができ、むしろ長崎貿易を補完することによって藩経済を成り立たせたのが朝鮮貿易であった。朝鮮貿易は幕府の禁教と貿易政策の方針からも何の矛盾もなく、その一翼を担っていたものと言えるであろう。

四　結びにかえて

鎖国論を論じる場合、四つの貿易口の基本になるそれぞれの立場からの法令や取引方法などを規定することによって、四つの貿易口からなる鎖国体制が完成したと言えるのではなかろうか。

学会において幕藩体制国家のもとでの「鎖国―海禁」問題は、貿易史、対外交渉史の両面からかなり議論が深化してきているものの、今なお多くの問題点も存在していることが理解されたであろう。「鎖国―海禁」の実態がかなり明らかになってきたが、多くの日本人には鎖国の言葉は今なお旧来の理解のままになっていると言ってもよかろう。たしかに当時の日本は、表面的には国を閉ざしていたといってもあながち間違っていないのもまた事実である。これまでの鎖国論は、一面的に捉えられてきたのも否めない。こうした反省にたつと、ここで考察してきたように、鎖国論の出発点である鎖国令はかなりの見直しが進んできた。この言葉を使うことはかなり減少している。こうしたなかで全体的に貿易の実態をさらに究明していかなければならない。そのことを問題提起したのも、ここでの目的である。そのことはかなり理解されたであろう。

鎖国令と己酉約条との関係は、不確かであるが、所謂鎖国令は幕府が長崎奉行に対して発令された職務規程であり、己酉約条は対馬藩が朝鮮政府と締結したものを幕府が容認したものであった。この両者には何等かの因果関係があることは考えられる。ただ、その事を明らかにする史料的裏付けに欠如している。この他ここでは触れなかったが、第一に御定高制において貿易額の制限が長崎貿易と朝鮮貿易において実施されていたこと、第二に朝鮮貿易の断絶状況に際して、長崎から対馬へ唐紅毛商売方が派遣された朝鮮貿易を指導していることなどから、朝鮮貿易と長崎貿易は幕府の管理下にあったことがわかる[36]。つまり対馬藩の朝鮮貿易経営は幕府の貿易政策に何らかの影響を与えていたと思われる。結論的に述べるならば、朝鮮貿易は鎖国体制における国内での重要な商品輸入口としての一翼を担っており、己酉約条はそれを規定する取り決めであるといえる。薩摩口の琉球貿易や松前口のアイヌ貿易についても研究が進化しているものの本書では言及することを控えることにする。

(注)

(1)『日本誌』(霞ヶ関出版、一九八九年一〇月) 三七五頁〜三七六頁
(2)「鎖国得失論」のうち損失説をとるものに辻善之助の『増訂海外交通史話』があり、その対極には内田銀蔵の『鎖国論』がある。一九五十年頃までの「鎖国論」について纏めてあるものに進士慶幹の「鎖国について」(『歴史学研究』一五七号、一九五二年五月) がある。
(3) 内田銀蔵『国史総論及日本近世史』(同文館、一九一三年四月) 五一五頁
(4) 板沢武雄『日蘭文化交渉史の研究』(吉川弘文館、一九五九年二月) 五四九頁

（5）『歴史学研究』一二六号（歴史学研究会、一九四七年三月）一頁～二五頁
（6）岩生成一氏は、林氏より以前に「近世初期の対外関係」（岩波書店『日本歴史』一九三四年一二月）を発表され、その後「朱印船の貿易額について」（『史学雑誌』第五九篇　第九号、一九五〇年）、「朱印船貿易家の性格」（『社会経済史学』第十七巻　第一号、一九五一年）などを次々に発表された。
（7）中田易直『近世対外関係史』（吉川弘文館、一九八四年二月）
（8）岩生成一「鎖国」（『日本歴史一〇』岩波書店、一九七一年一〇月）五七頁～一〇〇頁、
（9）田中健夫『中世対外関係史』（東京大学出版会、一九七五年四月）二三五頁～二七三頁、同「鎖国について」（『歴史と地理』二五二頁
（10）朝尾直弘『日本の歴史⑰　―鎖国―』（小学館、一九七五年六月）
（11）「荒野泰典『近世日本と東アジア』（東京大学出版会、一九八八年一〇月）、
（12）山本博文『寛永時代』（吉川弘文館、一九八九年九月）一〇一頁～一〇三頁
（13）山本博文『前掲書』（一九八九年）四二頁～五五頁、同『鎖国と海禁の時代』（校倉書房、一九九五年六月）
（14）「四つの口」の用語はもともと荒野泰典によって使用された言葉とされているが、その後四つの口の研究として田代和生、喜舎場、などが四つの口の研究が深化していった。
（15）、田代和生『近世日朝交通貿易史の研究』（創文社、一九八一年二月）
（16）『藩貿易史の研究』（ミネルヴァ書房、一九七九年六月）
（17）川勝平太「イギリス産業革命とインド―インド木綿の西方伝播―」（鈴木健夫『最初の工業国家を見る眼』（早稲田大学出版会、一九八七年三月）一七九頁～二二一頁、この他同氏は、日本の産業革命に関して社会経済史学会第五七・五八回において発表された。
（18）杉原薫『アジア間貿易の形成と構造』（ミネルヴァ書房、一九九六年二月）
（19）加藤榮一『幕藩制国家と異域・異国』（校倉書房、一九八九年一〇月）
（20）速水融・永積洋子・川勝平太訳『近世日本の国家形成と外交』（創文社、一九九〇年九月）
（21）宮嶋博史「朝鮮からみた日本の「鎖国」」（川勝平太編『「鎖国」を開く』同文舘、二〇〇〇年六月）六七頁～七六頁
（22）板沢武雄『前掲書』（一九五九年）五四九頁
（23）山本博文『前掲書』（一九八九年）、同『前掲書』（一九九五年）
（24）朝尾直弘『前掲書』（一九七五年）

(25)『徳川禁令考』前集第六（創文社、一九五九年九月）三七五頁～三七六頁
(26)『右同』
(27) 山本博文『前掲書』（一九八九年）、荒野泰典『前掲書』（一九八八年）
(28)「日本王国記」（『大航海時代叢書VI』岩波書店　一九六五年九月）六六頁～六七頁
(29) 田代和生『前掲書』（一九八一年）四三三頁～四四七頁
(30)『「朝鮮後期における対日外交使行と和楽訳官」の討論記録』（日韓歴史共同研究委員会、二〇〇三年九月）五四一頁
(31) 松浦允任『朝鮮通交大紀』（田中健夫、田代和生校訂、名著出版、一九七八年七月）一八三頁～一八五頁
(32) 田代和生『倭館』（文芸春秋、二〇〇二年一〇月）四七頁～八八頁
(33) 田代和生『前掲書』（一九八一年）二七九頁～二八五頁
(34) 箭内健次「長崎貿易仕法改変の意義」（九州大学『九州文化史研究所紀要』第五号、一九五六年三月）六九頁
(35) 拙稿「対馬藩による町人からの資金調達の方法について」（日本文理大学『商経学会』第八巻　第一号、一九八九年九月）九三頁～九八頁、同「対馬藩の貿易資金調達について」（西南地域史研究会『西南地域史研究』第六輯、文献出版、一九八八年四月）一〇〇頁～一〇七頁
(36)「唐紅毛商売方伝達之趣申上冇書付」（国立国会図書館所蔵『宗家記録』）

I

近世日朝貿易の経営

第一章　鷹供給ルートとしての朝鮮貿易

——「求請」の位置づけ——

一　問題の所在

幕府から許可を受けた対馬藩は、己酉約条（一六〇九）のもと朝鮮貿易を再開することになった。その中心になったのが朝鮮の東莱府釜山に設置した倭館であり、そこで対馬藩は外交交渉や貿易活動を行うことになった。

この倭館での貿易は、大きく私貿易と官営貿易に区分されている。(1) 私貿易は対馬藩が藩内の由緒ある「六十人」商人のなかから任命した元方役などを使い、(2) 朝鮮の商人＝都中（倭館の出入りが許された朝鮮商人グループ）(3) と倭館で取り引きするものである。この貿易は、多くの利潤を生みだし、藩経済を支えていた。ただ私貿易においては、本章で取り上げる鷹の輸入について貿易帳簿である「御商売御利潤并御銀鉄物渡并御代物朝鮮錍出高積立之覚書」(4) には計上されていない。ちなみにこの史料は、対馬藩の輸出入の品目と取引量、価格などが詳細に作成されているものである。(5)

一方、官営貿易には公貿易と進上・回賜があり、前者は定品定量貿易であると言われ、中世以来、対馬藩が銅、鑞、胡椒、丹木（蘇木）、水牛角、明礬などを輸出し、朝鮮側がそれらを公木＝木綿で公定の交換比率で買い上げるものであった。寛永一五年（一六三八）には、木綿の一部が徳川政権の経済の基本物資である米に換えて輸入される「換米の制」が実施された。

次に進上・回賜であるが、進上は対馬藩から朝鮮側への贈答品であり、寛永一二年（一六三五）以降、封進と改称された。回賜は進上に対する朝鮮側からの返礼品である。この進上（封進）・回賜は、対馬藩にしてみたら中世から行われていた朝貢的な儀式であり、一方朝鮮側も対馬藩を朝貢国的に見なす意識があったのも否定できない。(6)そのため徳川政権と対馬藩は主従関係の間柄であったにも関わらず、対馬藩と朝鮮との関係は藩臣関係であったと言われている。(7)また回賜の一つに求請があるが、求請はこれまで日朝関係のうえでどのように位置づけられるのかが明らかにされていない。そのため本章では、この点を明らかにすることが第一の目的である。

求請について史料のうえからみるならば、『通航一覧』に「求請とは、此方より彼国の土産を所望するを、彼が望に叶へて送り物あり」(8)と記されている。また『朝鮮通交大紀』には「求請物は古へより我が国使船彼国に至る時およそ土産の品求める事、あるものは彼国其の求めに応せしなり、礼曹の書契に別副所求といへるこれなり、古来その品物定式なし、今歳遣船の大小に従ひ其品物多寡定式あり、これを求請というなり」(9)とあり、求請の品物には「定式」があったことが明記されている。つまり、『通航一覧』に「慶長十四年、蘇長老、柳川智永為使朝鮮に遣す、此時宣慰使李志完接待あり、歳遣二十船、及公貿求請開市等の約條相済、釜山を和館に定む」(10)とあり、同じ内容の趣旨が雨森芳州の「和交覚書」(11)にも記されていることから、慶長一四年（一六〇九）に己酉約条が締結された際に求請に関する規定がなされていたといえる。その一端と考えられる文言が僧規伯玄方が記したとされる「送使約条私記」(12)のなかに「求請物　所望ノ物幾種モ書付遣ス」とあり、さらに「別幅所求　俊鷹参連・虎皮弐張・豹皮参張・白苧布五匹、白綿紬五匹・白紬綿布壱拾匹・黒麻布伍匹・花席伍張　（中略）　所求トアルハ求請ノ事ナリ　（以下略）」と明記されている。

このような日本側の史料に対して、朝鮮側の史料においては『倭人求請謄録』(13)が最も重要でかつ基本史料である。泉澄

一氏が指摘しているように求請について解明するためには、この史料の詳細な分析を行う必要があるであろう。(14)

一方、求請に関する研究は、日朝関係の研究がさほど活発になされていない状況においては求請を検討する必要性がきわめて低かったことも確かである。それは求請が、日朝貿易のうえであまり大きな意味をもつものでなかったとされていたからである。例えば中村栄孝氏によれば「特定の品物」と規定したうえで「鷹とか薬材とか、陶磁器とか書籍の類など、政府の命令や諸大名からの要請にこたえる場合がある」と記している。(15) 田代和生氏は中村栄孝氏と同じ意見であることを踏まえて、求請の品目が二八品目からなっており、時代により品目などは変化していたことを朝鮮側の史料で明らかにしている。(16) その後田代和生氏は、対馬藩の薬材調査の目的について研究したなかで、薬材も当初徳川家などの依頼で求請されていたことを明らかにし従来の考えを発展させ、薬材の調達方法の一つとして求請を位置づけている。(17) つまり求請のもつ重要性を評価したものといえる。

それに対して泉澄一氏は、日本人が日常に使用する茶碗などを産出する釜山窯の設置について明らかにすることによって、本格的な求請研究の第一歩とした。(18) これまでの先行研究による対馬藩が朝鮮へ特定の品物を要求し贈与を受けると言う求請の概念を踏まえて、泉澄一氏は「毎日記」など日本側の基本史料と韓国側の史料を用いて、求請の一つである釜山窯をとりあげ、求請が対馬藩と朝鮮との外交交渉によって成立することを明らかにした。つまり、これ迄の求請に関する研究をさらに深化させ、新たな展開を示したことは頗る意義があるものと言ってもよかろう。しかしながら求請全体を明らかにするまでには至っていないために、求請の一つ一つの品目の流通実態などを明らかにする以外に方法はない。とりわけ求請の一つである鷹に関しては明らかにされておらず、朝鮮からの供給については考察されていないため求請鷹を取り上げることは意義あるものと言える。

こうした視点とは別に、徳川政権にとって鷹のもつ意義の視点から捉える必要もある。つまり鷹は、徳川政権の支配体制の一環として確立した鷹場制度に欠かすことができないものであった。その一翼を担ったのが、本章で取り上げる求請鷹である。

二 求請と物替

日朝貿易において対馬藩と東莱府との交渉や対馬藩の一方的な懇望などにより実現した求請は、対馬藩にとって数量的にうま味があるものとは言えなかった。しかしながら求請の物資の価値は高く、なかでも鷹は頗る重要であった。

鷹は、捕鳥などの狩りの道具として用いられていた。この鷹狩りは五、六世紀頃から普及し権力と結びついていき、秀吉政権は諸大名へ鷹などの諸鳥の放鳥を役賦課の形で強制するようになった。[19] そして家康政権になり鷹狩りは厳しい統制下に置かれるようになった。こうして鷹は、将軍や諸大名たちにとって鍛錬の一つとして極めて重要な商品であるのと同時に、諸大名から将軍への献上品としても貴重なものであった。そのため鷹の調達は、将軍、幕閣のみならず諸大名にとっても頗る重要なことであったのも事実である。その特産地は松前、津軽、出羽、陸奥などが最大の産地で、そのほかには信濃、伊予などであったと言われている。[20] これらの特産地だけでは品不足であったことは先行研究において明らかにされているが、[21] こうした鷹の供給に関する研究は、進んでいない。とりわけ対馬藩が鷹の供給地であることは知られているものの、その実態はこれまで明らかにされてこなかった。ここに対馬藩を通じて輸入される求請鷹が注目されるのである。

対馬藩の場合は、対朝鮮貿易経営の特権を生かして朝鮮に生息していた鷹を求請といった方法で調達することができた。その鷹こそが求請鷹であり、それを幕府に献上していたのである。この求請鷹は、将軍や諸大名たちの鷹狩りに用いられ、鷹の供給不足を補う重要なルートの一つであった。

この求請鷹について泉澄一氏は、『辺例集要』から慶長一六年（一六一一）から寛永一〇年（一六三三）までの求請の主な商品とその数量をまとめている[22]。それによると白苧布と鷹が多くの数量を求請していることがわかる。こうした鷹について韓国側史料をみると次のように記されている[23]。

辛亥《一六一一》四月、牛黄羊口・鷹子・陶器求貿書契頭倭橘智種等、賚来呈納是白乎等、以同書契、捧上上送為白乎祢、各様物種、報本道分定入給、而其中鷹子段、減数許貿計料事、

このように辛亥＝慶長一六年（一六一一）に牛黄羊口・鷹子・陶器の求貿に対して、書契＝外交文書でもって要求があれば鷹子は数を減らして求請を認めようとするものである。つまり朝鮮側は、対馬藩からの要請によって朝鮮主導のもとに鷹の求請を認めていたことになる。こうした求請鷹は日本側において慶長一八年（一六一三）に「去年冬、従高麗王駿府へ進上の大鷹十一羽、此頃至九州参着、何も若鷹なり[24]」とあることから徳川政権の当初から求請鷹が、家康へ献上されていたことがわかる。

しかしながら貞享二年（一六八五）に五代将軍綱吉が発令した生類憐れみの令によって綱吉の将軍在任期間中は鷹狩りの実施はなく、かつ諸大名などからの鷹の献上も停止していた。この求請鷹も、幕政の方針転換に従って輸入できなくなってきた。その鷹に代わって木綿と米が輸入される「物替」が行われるようになった。朝鮮貿易は基本的には対馬藩が藩経済を再生産させることが第一の目的であり、対馬藩の恒久的な米不足の解消にあった[25]。そのため対馬藩は対朝鮮貿易において米や木綿を輸入しており、物替をする際も米や木綿を要求したものと言える。

この物替は、天和三年（一六八三）五月一八日条に幕府から「御鷹献上当年ゟ無用之由[26]」と言い渡されたのを契機に対馬藩が、自主規制したことが第一歩である。それは五代将軍の綱吉が貞享四年（一六八七）に生類憐れみの令を発令する四年前のことであった。綱吉が早い段階から生類憐れみの令の発令を準備していたことがわかる。この問題は生類憐れみ

の令の起源を何時と見なすのかと言った幕政改革の研究や鷹場制度の研究においても重要な意味があるものである。いずれにしても対馬藩は、幕府の政策変更などの情報収集を怠ることなく行っていたことが垣間見えてくる。それはあくまでも幕政に従うことによって朝鮮貿易の継続と独占を維持するためである。求請鷹の中止について朝鮮側の史料に次のように記されている。(27)

癸亥(一六八三)六月、府使蘇斗山時、島主、以定約條事、出送頭倭、同倭言内、求請鷹子、例以進上于関白、亦且分送於執政等處、而同鷹臂送江戸、為馬島莫大之弊是白如乎、関白、務在除弊、勿為進上事、島主虚、分付為有置、同求請鷹子、姑勿入送事、預先知悉云云為白臥乎所、鷹連之弊、病民非細、而求請停止之事、果如渠等之所云、則公私多幸事啓。状録、無回下。

つまり、求請鷹は癸亥年である天和三年(一六八三)六月に停止されたことを示している。このように両国史料から求請鷹は、生類憐れみの令発令よりも四年も早い天和三年(一六八三)に停止されたことを確認することができる。幕府は生類憐れみの令発令の準備を行っていたことと発令以前にすでに対馬藩が、自らの情報収集力でその情報をキャッチしたことがいち早く朝鮮側に伝えられたものと思われる。

これを受けて天和四年(一六八四)に、「同〈天和〉四甲子年ゟ現陰御送使別幅求請之鷹五十八居、尤御児名御送使之分二居引之五十六居物替ニて御請取被成来候」(28)とあり、求請鷹五六居に「物替」がさっそく実施されたのである。ちなみに物替は、泉澄一氏によれば寛永五年(一六二八)に白苧布にかわって鷹一六居が輸入されていることを指摘していることから、おそらくこれが初見であろう。(29)対馬藩は生類憐れみの令が発令される四年前から既に物替を実施する準備をし、そして法令が施行されるのと同時に物替を慣行したのである。このように物替は、幕府の政策変更にともなって実施されたもので、対馬藩が積極的に導入したものではなかった。つまり、対馬藩は幕府の政策を利用しながら藩経済の再生産を維持していたものと言える。こうしたことから物替の考え方はすでに幕初において存在していたのは事実であろう。

ところで享保二年（一七一七）七月一九日の物替の実態を明らかにしているのが、次の文言である。(30)

斉藤惣右衛門方江書留置候書付之写

覚

一、求請鷹五十八居　壱ケ年
　内弐拾九居者　壱居ニ付木綿卅疋宛
　内弐拾九居者　壱居ニ付米十五俵宛
一、花席　百拾枚　壱丸ニ付米弐丸宛
　右者現陰別幅求請共
一、白紙　七拾七帖　壱帖ニ付米五盃宛
一、蜜　拾七丸　壱丸ニ付米拾丸宛
一、珎豆　拾七丸　壱丸ニ付米拾丸宛
一、坱苡　拾七丸　壱丸ニ付米壱丸宛
一、火熨斗五拾弐　壱ツニ付米壱丸宛
一、虎肉　五拾弐　壱ツニ付米弐丸宛
一、虎膽　五拾弐　壱ツニ付米八丸宛
一、犬　五拾弐疋　壱疋ニ付米弐丸宛
　右者現陰求請

一、扇　　七拾七本　　壱本ニ付米三盃宛
一、小刀　弐拾七　　壱本ニ付米八盃宛
一、硯石　弐拾七面　　壱面ニ付米壱丸宛
一、水入　弐拾七　　壱ツニ付米五盃宛
一、篩子　弐拾七　　壱ツニ付米壱丸
一、榛子　弐拾七丸　　壱末ニ付米五盃宛
一、櫛　五拾壱　　壱ツニ付米三盃
右者現送使求請
一、空席　四百七拾枚　　壱枚ニ付米五丸宛
右者現陰陸者
一、折板　拾枚　　壱枚ニ付米拾三丸宛、銀十三匁宛
一、折柱　八本　　壱本ニ付米弐十五丸宛、銀弐十五匁宛
右者現陰送使陸者之内此分斗物替
一、鶏　七百五拾羽　　壱羽ニ付米四盃宛
右者陰
合七百三拾石
右之品々去冬平田所左衛門、番権右衛門渡海之刻如此物替ニ相定、甲子年ゟ無滞可被相渡候若本色此方江入用之節者其品ニて請取可所、如件

天和四年甲子正月日　　田嶋十郎兵衛
一代官　井田左吉
訓導干僉知
朴僉知
韓判事

この史料は倭館の町代官であった斉藤惣右衛門宅にあった書付の写である。この文言によれば、第一に求請の物替は具体的には、「現陰別幅求請」、「現陰求請」、「現送使求請」、「現陰陸物」、「現陰送使陸物之内此分斗物替」「陰」の六つの形態に対して、「如此物替ニ相定」められ、全ての送使に対して物替が行われたことがわかる。対馬藩から派遣される送使船における求請に対して物替されていたのである。求請は本来年例八送使と称される条約で定められた送使において行われていたが、右の文言のように「現送使」と「陰送使」があったことがわかる。(31)ところでこの現送使、陰送使は「覚書」の条文に八送使が現送使、それ以外を陰送使であるルビが記されていることから日朝関係の正式な使者である八送使のことを現送使とし、東莱で外交の儀式を行っているとき八送使の船舶は対馬藩に引き替えて再度物資を運送していたが、それを陰送使といったものと言える。つまり、対馬藩は正式な条約以外にも送使船を派遣し、朝鮮側もそれを認めていた。それは同史料に「陰之送使五日次本前ニ而入送之分」とあり、「五日次（オゴリ）」つまり朝鮮側が対馬藩に朝鮮滞在中の賄費を負担するもので、「陰」の求請においても五日次が実施されていたことがわかる。ただ、この陰送使についてはこれまで明らかにされておらず実体は定かではなく、今後の研究課題である。

第二点は、物替で輸入される物資が米であったことである。この文言の後半部に「合七三〇石」とあるが、これは物替された米の合計高である。それを日本の米高に換算し直すと四二九石八斗九升七合になる。(32)ただ朝鮮からの輸入米は、天和四年（一六八四）の段階の輸入高は定かではないが、元禄期（一六八八〜一七〇三）には約三、〇〇〇石が輸入されていた。それと比べた場合、大体約七分の一が物替において、米が対馬藩へ輸入されていたことになる。対馬藩は、公貿易とは別のルートで米を確保する努力を怠らなかったといえる。しかも天和四年（一六八四）から享保元年（一七一六）までの対馬藩は、私貿易において最も繁栄した時期と重なり合っており、藩経済が潤う一方で求請鷹などを物替し、米の確保のために出来うるだけの努力をしていた。対馬藩は、自藩の領地で藩経済の再生産をまかなうだけの米の供給が不足しており、米を供給することが重要なテーマであった。物替が行われる際もやはり米の要求がなされており、対馬藩にとって朝鮮貿易がいかに重要なものであったかがわかる。

第三点としては、求請鷹に対しての物替は、天和三年（一六八三）に木綿と米がそれぞれ求請鷹の二九居ずつが割り振られていたことである。求請鷹五八居のうち二九居を木綿で、あと二九居は米で交換されているが、「五十八居之内二十九居ハ壱居ニ付米十五表宛、同二十九居ハ壱居ニ付木綿三十疋宛ニ御約諾被成[33]」とあり、鷹一居が米一五俵で計四三五俵、鷹一居が木綿三〇疋の二九居で計八七〇疋に物替されていたことが、対馬藩と朝鮮側の間で約諾されて実施されていたのである。ただ、求請鷹が五八居とする数量的根拠は明らかではない。

それに対して鷹の物替は、幕府の国内政策に対応して実施されており極めて政治的な配慮であった。鷹以外の求請の品物については、物替がなされたとする史料は管見する限りないところからも鷹のもつ特殊性がうかがわれ、かつ対馬藩や幕府にとって極めて重要なものであると言ってもよかろう。

三　求請鷹の復活と物替

次に幕府が鷹狩りを復活させたのに対して対馬藩も、求請鷹を復活させた経緯とそれに伴う物替の動向について検討をすることによって求請の意味を考えることにしよう。

求請鷹復活の第一歩は、享保元年（一七一六）に八代将軍に吉宗が就任したことである。五代将軍綱吉が貞享四年（一六八七）に発令した生類憐みの令は、綱吉が宝永六年（一七〇九）に死去したものの、その後も吉宗が八代将軍に就任するまで継続していった。つまり鷹狩りの禁止は、享保元年（一七一六）までの二九年間に及ぶことになった。吉宗は享保元年七月二二日に若年寄大久保佐渡守常春に鷹に関する職務を命じ、鷹狩り再開つまり鷹場制度の再興を計った(34)。そうして享保二年（一七一七）五月十一日に吉宗は、亀戸隅田川において鷹狩りを再開した(35)。ただ、飼育していた鷹は元禄九年（一六九六）以降伊豆諸島を中心に放鳥されており(36)、再開された鷹狩りの鷹の供給元は定かではないが、『放鷹』に「良種は朝鮮に仰がざるを得ず。朝鮮よりの鷹の献上は対馬の宗氏を介すること恒例の如くなりたい(37)」と記されており、鷹狩りの鷹の供給元の一つであり、しかも良質な鷹が朝鮮から対馬藩を通して献上されることが慣例になっていたことが分かる。この朝鮮ルートは本章で論じている求請によるものであることは間違いない。

一方、対馬藩はこのように幕府の鷹狩り再開という政策転換に対して、享保元年（一七一六）七月二八日条に江戸藩邸から対馬の支配方に届いた書状に「於公儀御鷹師之筋目御吟味有之候由及承申越候(38)」とあり、幕府が鷹師の家柄の検討に入った情報をいち早くキャッチしたことが窺える(39)。それと同時に求請鷹の復活にむけて対馬藩は、二ヶ月後に倭館で鷹の有無の調査を始めたのである。そのことを記しているのが、享保元年九月七日に朝鮮支配役の杉村三郎左衛門から倭館の責任者である館守吉田左衛門に宛てた次の史料である(40)。

若近郷之地頭など方江飼置候鷹有之候ハヽ内々ニ而承合セ置、従是申越候節拾イ買ニいたし候而も五六居程迄も早速相調候事可罷成候哉、急ニ申越候ハヽ價高直ニ可有之と存候故、内々承合否早々可被申越候この文言によれば第一に倭館近郊の地頭などが鷹を飼っている場合確保しておくこと、第二にそれとは別に五六居ほどは直ぐに買い集めること、第三に急いで購入を行うと値が高騰することから密かに鷹購入を受け合うことを命じている。いずれにしても五六居の鷹はあらゆる手段を用いても調達する準備を整えていることが窺える。こうして享保三年（一七一八）に求請鷹が本格的に復活していくのである。その際対馬藩の思惑のもとに依然として物替が継続されていくことから、ここでは求請の復活と物替の継続の経緯をみることにする。

享保三年（一七一八）三月一五日条に求請鷹についての折衝がなされているのが次の文言である(41)。

> 洪判官へ申達候も、去年《享保二年》前之求請鷹五十六居之内年内ニ十五居入来候付、酉年《享保二年》ハ右之十五居ニ而仕切致し余も物替之品を以御代官へ渡之、当戌年《享保三年》も弐拾居入来居候故、其分ニ而仕切余も物替之品ニ而相渡候様ニと申達候処返答ニ申聞候も、別幅求請鷹之義近年物替ニ成り居り候を、去年《享保二年》ゟ毎年五十六居現鷹ニ而御請取可被成之旨、先役催同知代ニ被仰掛候付、則東莱へ申達都へ啓聞有之度一応物替ニ成り居候、求請鷹之義現鷹ニ而御渡之被申候義難成勢イニ候を漸御望之通ニ相済、各官へ被申付候故、其以来段々鷹入レ来候然処今又鷹優数御入用無之との御事ニ而、唯今迄入来候鷹之外も物替之品ニ而御請取可被成と御座候而茂左様ニハ難成事候（中略）

この文言によれば朝鮮側に去年（享保二年）以前の求請鷹五六居のうち一五居が入荷しており、酉年（享保二年）はこの一五居で仕切りにして残りは物替の商品で渡し、戌年（享保三年）は二〇居が入荷したので、これで仕切りにして残りは物替の商品を渡すことにしたことを伝達したところ、その返事によれば別幅求請鷹は近年物替しており去年（享保二年）から毎年五六居現鷹で受け取ることになっていることを前の役人である催同知の代に言われている。つまり求請鷹で渡すことは難しい状況ではあるが、望み通り現鷹で渡すことになっていることを各役所に伝達しているため、これから入荷する鷹はご入用することがないようにして、これまで入ってきた鷹以外は物替の商品として受け取ることは難しいと現状を

説明したことに対して、対馬藩の提案が示されているのが次の文言である。(42)

去年《（享保二年）》ハ鷹一居も不入来分ニいたし、酉年《（享保二年）》迄ハやはり物替之品ニ而渡之、年内十五居入候を、当戌年《（享保三年カ）》之求請鷹之内ニ加之、当年唯今迄入居候弐拾弐居合而卅七居ニ而候間、此迄之指足し十九居入候而、当年も五十六居之都合全ク揃候様ニ致候得と申渡候得ハ、洪判官申候ハ左様候ハヽ、先右之通東莱へ申達候様ニ可仕由ニ而罷帰ル、（後略）

この文言は、享保元年（一七一六）に鷹一居を入荷していないようにして、享保二年（一七一七）までは物替の商品で渡し、一五居入荷した分は享保三年（一七一八）の求請鷹に加えて今年入荷した二二居を加えて三七居とし、これまで入荷した一九居を合わせて享保三年の求請鷹は五六居にするように東莱府へ伝えた内容である。対馬藩としては、求請鷹の実際の再開を享保三年にする提案に対して交渉役の洪判官では独断で判断できないため東莱府に判断を委ねることにしたのである。

朝鮮側の対応については、享保三年三月一六日条の日記に次のように記されている。(43)

〃今酉刻洪判官罷出申聞候ハ、求請鷹之義委細東莱へ申達候、東莱被申候も唯今迄入渡し候鷹之外も、物替之品ニ而入候様ニとの義ハ難成事ニ候間、左候ハヽ酉年《（享保二年カ）》も鷹一居も入不申分にいたし年内十五居入候も当年之内ニ加之、当年《（享保三年）》ハ相定り候五十六居之積り〆餌鳥之鶏ともに入之候様ニ可申付候、

つまり、これまで渡した鷹を物替にすることは難しいものの享保二年（一七一七）には鷹は一居も入荷しないようにして、同年に入る一五居を加え五六居と定め、餌になる鶏とともに入荷するように命じており、対馬藩の提案が認められている。

さらに対馬藩は、次に五月朔日条の文言で訓導を通して東莱府へ求請鷹の入荷方法を提案しているのが次の文言である。(44)

〃訓導朴同知召寄申達候ハ、来年入来候筈之別幅求請鷹五十六居之内現鷹三十居を当年九、十月、霜月迄ニ入之、相残ル二十六居之儀ハ先規之通物替之品ニ而被入渡候様ニ東莱へ申入候様ニと申達候処、委細得其意候東莱へ可申入ニ而罷帰ル

このように来年（享保四年）に入る求請鷹の五六居のうち三〇居を今年（享保三年）の九、一〇、一一月までに入れ、あとの残りの二六居は前例の通りに物替の商品を入れるようにすることを東莱府へ申し込んでいるのである。そして五日後の六日には「相残ニ弐拾六居之義候物替之品ニ而入達之候様ニとの義委細承届候[45]」と二六居の物替を認めているのである。つまりこれまで通り物替を認めたこととなった。これで一様対馬藩と朝鮮との交渉は終わったと見え、この後史料の上では求請鷹の交渉の文言は確認できない。

一方、朝鮮側の動きについては、次の朝鮮側による史料の文言がある。[46]

戊戌五月、府使趙榮福時、館主言内、明年條鷹子五十六連内、三十連分叱、以鷹子入給、二十六連、以價米入給云云、所給鷹子、分定於道内各置、則可除遠路臂來留連之弊事達。狀録、無回下。

このように戊戌年＝享保三年（一七一八）五月が明年（享保四年）の鷹は五六連（居）のうち三〇連のみが輸出され、残る二六連は價米つまり物替されたことが記されている。つまり上記の対馬藩の提案を東莱府が認めたことが朝鮮側の史料からも確認することができる。

しかしながら、鷹が対馬藩に入ってきた実際の数字は、「館守毎日記」によれば五八居である。実際に輸入された鷹の数が多い一つには、鷹はすぐ「落ち」と言って死ぬことがあったことが最も大きな要因といえる。二つめは幕府のみならず諸大名へ献上しており、その分の数を確保しておく必要があったことなどが考えられる。

このように対馬藩は、帳尻（数字）合わせの交渉を行いながら享保三年（一七一八）の物替を続けることに成功したのである。これまで見てきた文言からその後も物替は、継続されていったものと思われる。ただ、その場合物替される品物は記されておらず定かではないが、これまでの経緯からすると米か木綿と思われる。

このように対馬藩が物替の継続を望むのは、第一に米の供給を出来るだけ多く確実に確保したかったことこと、第二に対馬藩が物替を先買特権の確実なルートとして確保しておきたかったことが上げられる。このしたことから求請鷹は、対馬藩が幕府の政策に対応しながら藩経済の維持と鷹狩りという武家政権の権威づけの役割の一端を担う重要なものであったと言える。

四　先買特権としての求請

これまで論じてきたように求請鷹は、対馬藩にとって対朝鮮貿易や対幕府関係のうえで極めて重要な意味をもつ商品であった。鷹をはじめとする求請の物資は、その使用目的を知ることによって求請の性格を明らかにすることができる。ここではその求請鷹の性格をどのように捉えたらいいのかを論じることにする。

その第一に求請鷹と幕府との関係である。前述のごとく求請鷹は慶長一六（一六一一）年からすでに将軍のもとに献上されていたが、筆者が管見する限りその初見は寛永一二（一六三五）年正月二二日条に「今年大坂ニ而御進上候御鷹請取ニ被参候(47)」の文言である。この文言は、江戸の「表書札方」における記録であるところから江戸藩邸における出来事を記しており、幕府への進上つまり献上品の鷹が対馬から大坂へ運ばれ、そこで幕府の鷹匠が鷹を受け取るために大坂に参上していたことを示している。

さらに寛永一二（一六三五）年三月三日条に「当年御進上之鷹十五居御鷹師衆御請取候由ニ而請取之手形参候(48)」とあるように、寛永一二年三月に幕府に献上される鷹一五居を幕府の鷹師が受け取ったことと引き換えに受取手形が発行されているのである。この鷹一五居の数字の根拠は定かではないが、幕府は一五居の鷹を手に入れたのは明らかである。この鷹の用途は、恐らく将軍の鷹狩りに供給されていたものと考えられる。

こうして将軍や幕閣へ献上された求請鷹は、将軍への献上鷹と幕閣への献上鷹の割り振りされるが、そのことを記したのが次の寛文一二年（一六七二）一一月一二日条の文言である。(49)

〃今度御初鷹四居江戸江被差越筈ニ候、然処ニ一昨晩朝鮮表ゟ御鷹三居根〆吉兵衛連渡候ニ付、内二居、右四居ニ相添都合六居、大坂江残置餌喰等可然を四居江戸表江召連候様ニ可仕之旨（以下略）

この文言によれば初鷹四居と一昨晩に朝鮮より運び込まれた三居のうち二居の計六居のうち四居が江戸に運ぶ旨の史料である。これを受けて次の文言のようになる。(50)

右四居江戸表江被差越候内二居ハ御進上、同壱居者松平備前守へ被進之、残而壱居者何方江成共御指図ニ者今之便申遣度之旨、右同人を以申上候処、藤堂和泉守様へ被進之由被仰出也、併御自筆之御状御添被遊之由也

江戸に運ばれた四居のうち二居は幕府へ献上された後に、残りは幕閣の松平備前守（玉縄藩主、正信）と藤堂和泉守（津藩主、高次）にそれぞれ一居ずつ献上されている。つまり初物の鷹ははじめに将軍に、次に幕閣の重要人物に献上されていたことが明らかである。このように幕府や幕閣への鷹の献上は、織豊政権から家康政権にかけて実行されていた先買特権と同じ取引形態と言ってよかろう。

第二は求請鷹と大名との関係である。諸大名たちにとっても鷹狩りは、武士として重要な鍛錬の一つであった。供給地の地域以外からも鷹を手に入れる必要があった。求請鷹が諸大名へ流通していたことを示す初見は、寛永一二（一六三五）年五月二六日条の「松平越前殿江大鷹一居遣使内野権兵衛(51)」とある文言である。つまり松平越前守（福井藩主、忠昌）殿に大鷹一居が供給されていた記述が求請鷹の大名へ提供した第一歩である。献上鷹が残った場合、延享元年（一七四四）であるが「御献上相済候間御望之御方へ相払候様(52)」とあるように献上された鷹が残ったときは、その鷹を希望する者に払い下げることになっていたことがわかる。

求請鷹の大名ルートについて平戸藩を例にとり検討することにしよう。そのことを明らかにしているのが寛文二年（一六六二）一二月九日条の次の文言である。(53)

松浦壱岐守《肥前守カ》様御家来衆ゟ書状来ル、意趣ハ如例年於勝本鷹被相調度との儀也、当年御進上之鷹も大船相済候間、朝鮮ゟ参次第ニ上方へ差登之間、其刻於勝本可被召置候由申遣ス

この文言によれば大坂に運ぶ前に対馬藩は、平戸藩に例年鷹を調え、その鷹の手渡し場所が対馬藩の御茶屋が置かれていた平戸藩の壱岐勝本であったことがわかる。ちなみに対馬藩は、壱岐をはじめに博多などの蔵屋敷を朝鮮貿易はじめとする藩経済の重要な役割を果たすものと位置づけしていた。(54)松浦氏はこの他にも色々なルートで鷹の購入を行っていた。その一つに寛文九年二月一四日条にある「松浦肥前守様ニ居、大久保加賀守様江ニ居御買被成候(55)」の文言があり、明らかに松浦肥前守（平戸藩主、鎮信）と大久保加賀守（小田原藩主、忠職）がそれぞれ二居購入していたこともわかる。

ところで先買特権は、一六世紀から一七世紀にかけて対外貿易において権力者が貿易を統制していくなかで最初に手に入れることができる特権として行使していた。とりあえず豊臣秀吉は、顕著に先買特権を行使する傾向にあった。また豊臣秀吉のあと全国を統制し徳川政権を樹立した徳川家康も糸割符貿易を通じて先買特権を行使していた。(56)先買特権は長崎貿易において行われていた貿易方法であり、ポルトガル船から生糸を幕府が買い上げるものであった。それに対して求請鷹は、将軍家が行う鷹狩りの鷹を確保することが目的であったことから奢侈品に代表されるように権力者にとって重要な意味をもつ商品を独占するといったことから先買特権が脈々と継続されていたと言ってよかろう。このことからも朝鮮貿易の重要性を幕府に認めさせる効果はあった。この求請鷹は、これまで論じてきたように幕府の政策に左右され、かつそれを利用しながら対馬藩がその特権をフルに維持していた。

最後にこれまで見てきた以外に求請鷹の流通先としては、民衆が買い物をする市場があった。求請鷹の供給ルートは、

前記のように将軍をはじめ幕閣や諸大名たちが最初の流通先であったが、それ以外に国内市場への販売も行われていた。その初見が寛文五年（一六六五）四月六日条の「博多へ御鷹売ニ被遣三居御売被成候由」[57]である。このように早い時期に対馬藩は、博多で鷹を三居販売していたことが明らかである。博多には対馬藩の蔵屋敷があり、対馬藩にとって経済活動を行ううえで重要な場所であった[58]。その博多でも鷹が売られていたことは、当然ながら博多蔵屋敷が関わっていたことは推測するまでもない。ただ中央市場の大坂市場ではなく、なぜ福岡であったのか定かではない。

しかしこのように市場で販売していた記述は、「宗家文庫史料」を見る限りさほど多くないことから日常品のような取引ではなかったと考えられる。むしろ求請鷹の数が何時も幕府や諸大名からの需要が一定しておらず、多く残ったときに市場に流通されていたものと思われる。

何れにしてもこのように対馬藩は、朝鮮から輸入されてくる求請鷹を最初に幕府や諸大名に供給していたことは明らかである。これは対馬藩が求請という特別な方法で将軍、幕閣、大名などに鷹を供給する先買特権と位置づけることができよう。こうしたことが物替をしても一時的に求請鷹を断念しながらでも、求請鷹を復活させたのは対馬藩にとって頗る重要なことであった言えよう。

一方、朝鮮側は求請とりわけ求請鷹を対馬藩に保障することで対馬を藩臣として位置づけ、対日関係の安定を維持していた。いずれにしても求請鷹が日朝関係を考えるうえで頗る重要な役割を果たしていたと言える。

五　今後の課題

以上、日朝貿易における求請の物替の実態を通して「求請鷹」について考察してきた結果、次のように要約できる。

第一、求請の物替は、幕府の政策に対応しながら対馬藩が、同藩にとって必需品を朝鮮に求めたものであった。

第二、求請の物替の対象になったのが鷹という幕府権力を象徴するものと、米・木綿の藩経済の根幹をなすものであった。

第三、求請鷹の復活は、対馬藩と東莱府との交渉の賜であった。

第四、求請鷹は、将軍をはじめとする権力者の先買特権の性格をもっていた。


以上の四点が本章で明らかにした点である。つまり、日朝貿易の研究のなかであまり顧みられなかった求請は、幕府の政策に翻弄されながら享保三年（一七一八）に実は幕府が鷹購入のさいして先買特権を行使して鷹狩りに用いられていた鷹の供給ルートであった。その一方で対馬藩はむしろ求請鷹の確保を利用して朝鮮貿易の衰退傾向のなかで「物替」の継続を図り、米を確保する努力を怠らなかった。とりわけ求請鷹は、家康政治への復古とりわけ鷹狩・鷹場制度再興の第一として「武威の復活」を影で支えていくためにも必要であった。(59)

今後の展望としては、求請の実態を明らかにするには、「毎日記」を基本にあらゆる「記録類」などを解読し、事実を一つ一つ積み上げて行くしかない。その一方で、朝鮮側の史料で日本人が朝鮮に求めた品物についてまとめた『倭人求請謄録』の分析を行い求請の各時代の実態と変遷を解明し、求請の意義を追求することによって対馬藩のみならず幕府との関わりも明らかにすることが今後の課題であろう。また求請鷹が幕府に献上されたことは本章で明らかになったものの、その鷹が鷹狩りに用いられていたとする具体的な史料が管見できておらず、その発掘が第二の課題であろう。

（注）

（1）金東哲氏をはじめとする韓国の研究者は、近世日朝貿易の形態を公貿易、私貿易、密貿易の三つに分類している。今後近世日朝貿易における貿易形態については再検討する必要があろう。
（2）田代和生『近世日朝通交貿易の研究』（創文社、一九八一年二月）二二五頁～二五〇頁
（3）朝鮮の商人は「東莱商人」、「莱商」と称され、一八世紀頃は三〇名から四〇名で構成されているとされている。このことを取り扱った論文として田代和生「幕末期日朝私貿易と倭館貿易商人―輸入四目の取引を中心に―」（『徳川社会からの展望』同文舘、一九八九年一〇月）、金東哲（吉田光男訳）『朝鮮近世の御用商人』（法政大学出版会、二〇〇一年一〇月）、金東哲「조선 후기 倭館開市貿易과東莱商人」（民族文化推進会『民族文化』第二一輯、一九九八年一二月）、同「一九세기 牛皮貿易과 東莱商人」（釜山大学韓国文化研究所『韓国文化研究』六、一九九三年八月）などがある。
（4）長崎県立対馬歴史民俗資料館所蔵『宗家文庫史料』
（5）田代和生『前掲書』（一九八一年）二五一頁～二九六頁
（6）田代和生『前掲書』（一九八一年）五頁
（7）鶴田啓「江戸時代の「国境」」（永積洋子『「鎖国」を見直す』山川出版、一九九九年五月）三九頁～四五頁
（8）『通航一覧（第三巻）』巻百二十二、四三〇頁（但、以後『通航』三―一二二―四三〇とする）
（9）名著出版、一九七八年七月、一七九頁
（10）『通航』三―一二二―四三〇
（11）『続芳州外交関係資料集（雨森芳州全書四）』（関西大学出版部、一九八四年三月）二一二頁
（12）『右同』（一九八四年）一六二頁～一六三頁
（13）ソウル大学奎章閣所蔵
（14）泉澄一『釜山窯の史的研究』（関西大学出版部、一九八六年一〇月）
（15）『日鮮関係史の研究（下）』（吉川弘文館、一九七〇年一二月）三三四頁
（16）田代和生『前掲書』（一九八一年）五八頁～六二頁
（17）『朝鮮薬剤調査の研究』（慶應義塾大学出版会、一九九九年一二月）二四頁
（18）泉澄一『前掲書』（一九八六年）
（19）村上直・根崎光男『鷹場史料の読み方・調べ方』（雄山閣、一九八五年一〇月）六六頁～七一頁、根崎光男『江戸幕府放鷹制度の研

究』（吉川弘文館、二〇〇八年一月）
(20) 根崎光男『将軍の鷹狩り』（同成社、一九九九年八月）四三頁〜五四頁、村上直・根崎光男『前掲書』（一九八五年）、大石学『享保改革の地域政策』（吉川弘文館、一九九六年二月）、根崎光男『前掲書』（二〇〇八年）二〇〇頁〜二三四頁
(21) 根崎光男『前掲書』（一九九九年）四三頁〜四八頁
(22) 泉澄一『前掲書』（一九八六年）六六頁〜六七頁
(23) 『辺例集要（下）』巻之十二、二〇二頁
(24) 『通航』三―一二〇―四一一
(25) 対馬藩は石高として一万石にも満たないものの朝鮮貿易を経営していることから二万石の大名として認められていた。ちなみに一九九〇年においても米の自給率は三五・六％に過ぎない。（『つしま百科』対馬自治連絡協議会、一九九三年三月）
(26) 「御鷹記録」（長崎県立対馬歴史民俗資料館所蔵『宗家文庫史料』、以後「御鷹記録」、また同館所蔵『宗家文庫史料』の引用史料は史料名のみを明記することにする）
(27) 『辺例集要（上）』巻之八、四五九頁〜四六〇頁
(28) 「御鷹記録」
(29) 泉澄一『前掲書』（一九八六年）六六頁〜六七頁
(30) 「御鷹記録」
(31) 『長崎県史（史料編第二）』（吉川弘文館、一九六四年三月）六四五頁〜六四六頁
(32) 朝鮮の一石は、日本で五斗八升八合九夕として換算されている。（田代和生『前掲書』（一九八一年）一五一頁〜一五四頁）
(33) 「御鷹記録」
(34) 『新訂増補国史大系・徳川実紀（第八篇）』（吉川弘文館、一九八二年一月）二三頁
根崎光男『前掲書』（一九九九年）、大石学『前掲書』（一九九六年）
(35) 『新訂増補国史大系・徳川実紀（第八篇）』、七一頁
(36) 村上直・根崎光男『前掲書』（一九八五年）七三頁〜七四頁
(37) 宮内庁式部職編『放鷹』（吉川弘文館、一九八三年七月）七〇頁
(38) 「御鷹記録」
(39) 岡崎寛徳氏によれば津軽藩は享保元年六月二九日にこの情報をキャッチしており（『鷹と将軍―徳川社会の贈答システム―』講談社、

二〇〇九年五月)、対馬藩よりいち早く対応していることが分かる。
(40)「御鷹記録」
(41)「館守毎日記(四)」(国立国会図書館所蔵「宗家文書」)
(42)「館守毎日記(四)」
(43)「館守毎日記(四)」
(44)「館守毎日記(五)」
(45)「館守毎日記(五)」
(46)『辺例集要(下)』巻之十、八七頁
(47)「江戸表書札方毎日記」
(48)「江戸表書札方毎日記」
(49)「表書札方毎日記」
(50)「表書札方毎日記」
(51)「江戸表書札方毎日記」
(52)「帳面書状」(長崎県立対馬歴史民俗資料館所蔵『宗家文庫史料』)
(53)「表書札方毎日記」
(54)『通航』三―一三二―五七二〜五七四、田代和生『前掲書』(一九八一年)四〇〇頁〜四一九頁、拙稿「博多における対馬藩蔵屋敷(対州屋敷)について―『宗家文庫』を中心にして―」(『福岡県地域史研究』第一四号、一九九六年三月)
(55)表書札方「毎日記」
(56)加藤栄一『幕藩制国家の形成と外国貿易』(校倉書房、一九九三年九月)、中田易直『近世対外関係史の研究』(吉川弘文館、一九八四年二月)
(57)「表書札方毎日記」
(58)拙稿「前掲論文」(一九九六年)
(59)岡崎寛徳「享保期における鷹献上と幕藩関係」(『日本歴史』第六二一号)五四頁〜七〇頁、鷹狩りの研究史については、根崎光男の『前掲書』(二〇〇八年)を参照。

第二章　朝鮮人参の輸入高をめぐる問題点

一　問題の所在

貿易の実態を知るうえで基本的なことは、取引品名、価格、数量などが明らかなことである。一七・八世紀頃の貿易、とりわけ近世日朝貿易においても例外ではない。

ところで日朝貿易を代表する取引品の一つに朝鮮人参がある。日朝貿易のことを「人参貿易」ともいわれるなど、朝鮮貿易の代名詞のように称されていた。しかしながら、朝鮮人参の輸入高(1)などの実態については明らかになっているとは言い難い。その大きな理由の一つとしては、朝鮮人参の輸入高に関する史料が多く、しかもそれらの史料にみえる朝鮮人参の数値が、大きく異なっていることが上げられる。(2)そのなかにあって日朝貿易の実態を記している史料に国立国会図書館所蔵の「御商売御利潤并御銀鉄物渡并御代物朝鮮ゟ出高積立之覚書」(表紙には『御商売御利潤等覚書』とあり、ここではこのタイトルを用いることにする)がある。この史料はすでに田代和生氏によってその分析が試みられている。(3)そのなかで田代和生氏は、「朝鮮人参の記録は、実際の輸入高より少額に見積もられており、また輸入価格もかなり高めに記録されている」(4)と指摘するとともに、朝鮮人参の正確な数量を記録したものは、元方役あるいは朝鮮貿易に従事していたものが記したとみなされる「御商売御利潤等覚書」という史料にあらわれた数量のみであるとされている。[5] しかし、同氏のこの「御商売御利潤等覚書」に依拠した朝鮮貿易の実態を明らかにした論文（以下「田代論文」）に対して、中村質氏は「地方史研究と鎖国」（以下「中村論文」）のなかで多くの疑問点を含んでいることを指摘している。[6]

確かに、田代和生氏が「御商売御利潤等覚書」をベースにするのは、対馬藩が天和三年（一六八三）から正徳元年（一七一一）に至る間に、貿易業務を担当する貿易役人である元方役を設置し、その期間の朝鮮貿易の取引品、その数量、代銀を記した唯一の史料であると推測されるからである。[7] ただ、この史料が取引高、その代銀、利潤など日朝貿易の実態を示している貿易帳簿とするには若干の疑問が残ることは否めない。本章では、こうした点を踏まえ朝鮮貿易の輸入量など実態を明らかにすることを目的にする。

近世日朝貿易の研究は、以前から注目されていたにも関わらず、研究の成果は上がっていない。これまでの日朝外交・貿易の研究の経緯は、七〇年代から八〇年代にかけて一つの区切りとなすことが出来る。[8] つまり、それ以前の近世日朝貿易の研究は、総論的範囲を越えていない。むしろ、中村栄孝氏、[9] 田中健夫氏、[10] 三宅英利氏[11]に代表されるように対外交渉史からの接近が成果を上げていた。その後、泉澄一氏が対馬藩の立場から対朝鮮関係を考察され、[12] 田代和生氏の研究が発表されて以来、[13] ここ十数年において貿易史の研究も成果を上げてきている。[14] しかも、近世日朝貿易史（関係史）の研究は、鎖国体制の見直し、あるいはその実態を明らかにするうえで頗る重要なテーマであるといえる。この日朝貿易の実態を明らかにするうえで取引品を一つ一つ取り上げ、それぞれの実態を明らかにすることが必要であろう。その一つが、とりもなおさず本章で取り上げる朝鮮人参の「輸入高」の問題である。

本章では、長崎県立対馬歴史民俗資料館所蔵の『宗家文庫史料』、国立国会図書館所蔵『宗家文書』のなかの「御商売御利潤等覚書」、東京大学史料編纂所所蔵の『宗家史料』の「朝鮮江差渡候御免銀差引下積帳」〈延宝二年（一六七四）から正徳二年（一七一二）と「人参差引下積帳」〈延宝二年（一六七四）から正徳二年（一七一二）〉を用い、これらの史料の評価と問題点をあげ、朝鮮人参の「輸入高」の実態の検討を試みることにする。

二　「御商売御利潤等覚書」の問題点

最初に田代和生氏によって明らかにされた貿易帳簿としての「御商売御利潤等覚書」〈貞享元年（一六八四）〜正徳元年（一七一一）〉を取り上げ、検討することにしよう。ただし、ここでは朝鮮人参についてのみに限定することにし、その他の問題点は別稿に譲ることにする。

この「御商売御利潤等覚書」の史料様式は次のようになっているが、輸出の商品名、数量、代銀は除くことにする。

元禄八亥年御国鋳差渡御代物高
一、慶長銀弐千四百四拾九貫参百七拾参匁四歩八厘　　現銀ニテ相渡候分
（中略）
〆銀弐千七百弐拾四貫六百八拾匁七厘四毛
四割引ニ〆千九百四拾六貫弐百匁六分弐厘
合銀四千四百六貫百五拾四匁五厘弐毛
同年朝鮮ゟ調来候御代物高
一、上々上中白糸　　八万九千四百七十九斤半
代銀弐千弐百弐拾参貫五百五拾匁

一、大緞子　参拾七本　代銀五貫五百五拾匁
一、大金襴　八本　代銀弐貫参百匁
一、銀襴　壱本　代銀百五拾匁
一、綿　八本　代銀壱貫七百拾匁
一、宮紬　六本　代銀六百匁
一、大紗　七本　代銀四百弐拾匁
一、水晶笠緒　十八本　代銀弐百匁
一、水瑇瑚石　五つ　代銀百匁
一、縮緬　六千百四拾壱反　代銀百九拾貫百七拾四匁
一、類違縮緬　弐千八百壱拾端　代銀九拾八貫弐百九拾七匁
一、小飛紗　七千七百八拾反　代銀百九拾四貫五百匁
一、撰出さや　四千五百参拾八反　代銀九拾貫七百六拾匁
一、紋無　参千弐百四拾参端　代銀百弐貫弐百壱拾四匁五分
一、六尋紋無　六百八拾六反　代銀弐拾参貫九百八拾七匁
一、包綾子　七百弐拾五本　代銀拾八貫九百弐拾匁
一、中縮緬　百五拾四反　代銀六貫百五拾八匁
一、無紋さや　参百六拾四反　代銀拾貫五百五拾参匁
一、路紗　七拾四反　代銀弐貫五百九拾匁

一、真綿　参千五百弐拾参斤　代銀弐拾四貫六百六拾壱匁
一、上々人参　弐拾九斤弐拾匁　代銀拾壱貫四百九拾弐匁五分
合銀参千四拾七貫八百参拾弐匁
差引之覚
一、銀四千四百六貫百五拾四匁五厘弐毛　日本代物并現銀渡高
内　百弐拾六貫四拾九匁四分壱厘　御代官渡并役所御合力銀分
内　参千四拾七貫八百参拾弐匁　朝鮮出物之分
内　六百九拾八貫百七拾五匁五分壱厘　戌年買掛之分
残銀五百参拾四貫九拾七匁壱分参厘　亥年売掛之分
同年御利潤之分
一、銀三千四百拾五貫八百七拾匁　近年並シ値段ニ〆御利潤如此諸事掛物
一、銀六千六百拾四貫弐百四匁三分
一、此年銀五貫目ツツ役人中被成下ル
右元禄八亥年差引如此

このように「御商売御利潤等覚書」の記載様式は、「御国ゟ差渡御代物高」、「朝鮮ゟ調来候御代物高」、「差引之覚」、「利潤之分」の四つの部門から構成されている。なお、「御国ゟ差渡御代物高」は輸出を指し、「朝鮮ゟ調来候御代物高」は輸入を指す。朝鮮人参は当然ながら輸入品であるため、「朝鮮ゟ調来候御代物高」に含まれている。

この史料の問題点の第一は、この史料が朝鮮倭館で記されたものなのか、あるいは対馬藩で記されたものなのか明らか

ではないことである。つまり、取引品の代銀高が朝鮮での仕入代銀なのか日本での売上高なのか明らかにされていない点である。言い換えれば朝鮮での輸入（仕入）高なのか、それとも対馬藩から国内への供給された量（売上高）なのかということである。

この「御商売御利潤等覚書」を唯一の貿易帳簿と位置づけた田代和生氏に対して、中村質氏は韓国国史編纂委員会所蔵の『宗家文書』（以後『韓国宗家文書』とする）を用いて、元禄八年（一六九五）の輸出品、輸入品を表にまとめ、「田代氏の輸出額中の代物の代銀とは日本での仕入値なのか、倭館での売上額なのか、また輸入額とは倭館での仕入額なのか、日本での売り出し値なのか、どちらともとれるが、全く説明がない[15]」と批判している。中村質氏はこの『韓国宗家文書』のうち輸入、輸出ともに揃っているのは、元禄八年（一六九五）のみであるとしたうえで、それを表にまとめたのが表二―一―①、表二―一―②である。そのうち表二―一―①を見る限り『韓国宗家文書』には、輸出においては輸出高、日本での買元銀の単価、朝鮮での売立単価、売上代銀、利潤銀、表二―一―②の輸入では輸入高、朝鮮での買元銀の単価、日本での売立単価、売上代銀、利潤銀などが記載されている。このように買元単価や売上代銀などが詳しく記載された史料はなく、『韓国宗家文書』は価値のあるものといえる。

ところで元禄八年（一六九五）の輸出に関して『韓国宗家文書』と「御商売御利潤等覚書」を比較すると、確かに商品名、その数量が一致し、しかも中村氏の計算によると売上代銀（「輸入高 × 日本買元単価」）と「御商売御利潤等覚書」の輸出代銀は一致するのである[16]。つまり、この限りにおいては「御商売御利潤等覚書」は朝鮮での販売価格や売上代銀を記載したものと言える。それに対して輸入についても、表二―一―②から輸入の売上代銀は輸入高 × 日本売立単価になり、明らかに日本での売上代銀となる。そうするとここで記されている輸入高は売上高を示していることになる。

しかし問題は、記録のうえでは対馬藩への輸入高と日本での売上高が同じ数値であるということになるが、実態も輸入

表 2-1 ①　元禄８年　対朝鮮輸出品の品目別利潤（斤以下切捨、カッコ項、引用者）

品目	輸出高	単位	「日本買元	朝鮮売立	残利」	（売上代銀	利潤銀）
			単価匁	単価匁	単価匁	貫匁	貫匁
鑞（錫）	95,962斤	100斤	260	590	330	566,175	316,674
荒銅	277,647〃	〃	85.18	170	84.82	471,999	235,500
竿銅	78,855〃	〃	82.5	200	117.5	157,710	92,654
延銅	15,750〃	〃	93.5	277	183.5	43,627	28,901
鉒？	59,525〃	〃	194.56	602	407.44	358,400	242,569
鍮鉐	05,000〃	〃	166.83	300	133.17	315,000	139,828
明礬	577〃	〃	58.6	150	91.4	865	527
胡椒	26,670〃	〃	148.52	250	101.48	66,675	2,709
丹木（蘇木）	3,780〃	〃	51.17	133.34	82.166	5,040	3,105
黄運	200〃	1斤	42	10.5	31.5	8,400	6,300
水牛角	*8,489本	1本	9	17.318	8.318	147,012	70,611
鞟（なめし）	300枚	1枚	17.517	35	17.483	10,500	5,244
孤皮	7,160〃	〃	5.5	14	8.5	100,240	60,860
狸皮	8,280〃	〃	2.6	8	5.4	66,240	44,712
貂皮	3,100〃	〃	1	3.5	2.5	10,850	7,750
小計　輸出原価総額 1,070貫789匁						①2,328,733	1,257,944

（ほか現銀輸出②　2,459貫952匁）

（輸出合計 3,530貫741匁）

（「利銀」差引　▲2,272貫797匁）

表 2-1 ②　元禄８年　対朝鮮輸入品の品目別利潤　（斤以下切捨、カッコ項、引用者）

品　目	輸入高	単位	「朝鮮買立	日本売元	残利」	（売上代銀	利潤銀）
			単価匁	単価匁	単価匁	貫匁	貫匁
白糸	117,800斤	100斤	2,472.7	4,558.298	2,085.598	5,369,675	2,456,834
縮緬	668反	1斤	31	50.007	19.007	33,404	12,696
中縮緬	50〃	〃	40	72.672	32.672	4,287	1,927
類違縮緬	445〃	〃	30	62.757	32.755	27,926	14,575
延縮緬	3〃	〃	25	45.044	20.044	135	60
大縮緬	3〃	〃	50	102.23	52.3	306	156
無紋方糸絹	47〃	〃	29.36	49.146	19.786	2,309	929
小飛方糸絹	16,181〃	〃	25	31.441	6.441	508,746	104,221
撰出小飛方糸	16〃	〃	20	32.548	12.548	520	200
紋無	28〃	〃	31.5	46.06	14.56	1,289	407
大綾子	334〃	〃	57.874	77.386	19.512	25,846	6,517
上人参	509斤	1斤	319.263	673.2	353.337	342,658	179,848
ふく人参	359〃	〃	269.242	319.863	50.621	114,830	18,172
小計　輸入品原価3,635貫389匁**				6431931	2,796,542		

（出典）　表 1-1 引用資料のうち「元禄八亥年貿易に付朝鮮ゟ買い取り候代物高」項
（注）　＊　糸絹＝紗綾、綾子＝綸子
　　＊＊　史料Ａは白糸 89,479 斤ほか数量・品目の違いにより 3,047 貫 204 匁
　　田代引用史料の「同年御利潤」3,415 貫 870 匁→6,614 貫 204 匁
　　「近年並シ直段ニシテ如此、諸事掛り物引也」（「近年」は正徳２～５年の京都直段）
（出典）『異国と九州 ― 歴史における国際交流と地域形成 ― 』（雄山閣、1992 年 10 月）

高と売上高が同じ数値を示しているのかということである。つまり、貿易実態を明らかにするうえで、輸入高と日本での売上高が一致するのかしないのか頗る重要な問題である。この点を明らかにすることが本章の目的でもある。ちなみに輸出においても同じことが言えるが、ここでは輸入に絞り論じることにする。

しかも輸出については両史料とも商品名、取引量、代銀などは一致するのに対し、輸入とりわけ朝鮮人参の種類、数量、代銀高は大きく異なっている。このことからこの『韓国宗家文書』も「御商売御利潤等覚書」同様に検討の余地があるといえよう。とりあえず朝鮮人参の輸入高、代銀などは、どちらの数値が実態なのかこの段階では明ら

表 2-2 「御商売利潤等覚書」における朝鮮人参の品目別輸入内訳

（単位：斤）

年　代	上々上中並人参	小人参	尾人参	粉人参	合　計
貞享元年(1684)	877.000	12.000	408.135	0	1,297.135
2年(1685)	651.500	19.040	289.000	0	959.540
3年(1686)	2,645.030	28.000	503.000	89.000	3,365.030
4年(1687)	534.146	15.100	159.128	0	708.374
元禄元年(1688)	904.562	1.100	127.038	0	1,032.700
2年(1689)	583.035	0	144.500	0	727.535
3年(1690)	696.064	0	0	0	696.064
4年(1691)	3,639.032	0	0	0	3,639.032
5年(1692)	2,276.000	0	0	0	2,276.000
6年(1693)	3,351.146	0	0	0	3,351.146
7年(1694)	6,678.500	0	0	0	6,678.500
8年(1695)	29.020	0	0	0	29.020
9年(1696)	411.500	0	0	0	411.500
10年(1697)	1,356.070	0	42.004	0	1,398.074
11年(1698)	2,016.066	24.000	438.000	0	2,478.066
12年(1699)	224.110	0	157.500	0	381.610
13年(1700)	1,267.080	0	176.000	0	1,443.080
14年(1701)	1,238.130	0	0	0	1,238.130
15年(1702)	1,074.137	0	165.120	0	1,239.257
16年(1703)	632.151	0	144.060	0	776.211
宝永元年(1704)	1,701.000	0	24.000	0	1,725.000
2年(1705)	691.000	0	301.500	0	992.500
3年(1706)	709.080	0	84.140	0	793.220
4年(1707)	164.000	0	0	0	164.000
5年(1708)	814.070	0	82.000	0	896.070
6年(1709)	1,627.140	0	0	0	1,627.140
7年(1710)	933.048	0	247.500	0	1,180.547
正徳元年(1711)	488.040	0	126.030	0	614.070

（出典）「御商売御利潤等覚書」（国立国会図書館所蔵『宗家文書』）

かにすることは出来ない。

第二の問題点は、朝鮮人参の記載方法が品質別に記載されていることでる。「御商売御利潤等覚書」の朝鮮人参の数量をまとめたのが表二―二である。この表二―二からもわかるように上々人参、上人参、並人参、下人参を、上々、上、中、並人参としてひとまとめにし、あとは小人参、尾人参、粉人参とそれぞれ別々にして、それらの数量と代銀高を記している。ちなみに朝鮮人参の種類は、上々人参、上人参、並人参、下人参、小人参、尾人参などの名称で輸入されている[17]。

「御商売御利潤等覚書」と『韓国宗家文書』における朝鮮人参の輸入高を具体的に比較検討することにしよう。ただ、『韓国宗家文書』には元禄八年（一六九五）の輸入に関する史料しかないとされており、ここでは同年を事例として上げることにする[18]。

「御商売御利潤等覚書」に記されている朝鮮人参の種類と数量（代銀）は、上々人参の二九斤（代銀一一貫四九二匁）のみである。それに対して『韓国宗家文書』には上人参の五〇九斤（代銀三一九匁二分六厘三毛）、ふく人参の三五九斤（代銀二六九匁二分四厘二毛）となっている。しかも前述したように『韓国宗家文書』の輸入高は、売上高と同じ数値であった。

一方、この二つの史料は朝鮮人参の品質やその数量、代銀などがかなり違っているため比較出来ないが、「御商売御利潤等覚書」の朝鮮人参の数量も、「差引之覚」において輸入品の代銀総額が「朝鮮出物之分」といった名目で「日本代物并現銀渡高」から差し引かれていることから輸入高＝売上高として捉えられている。いずれにしても朝鮮人参の輸入高を特定するには、「御商売御利潤等覚書」と『韓国宗家文書』とも決定的な決め手を欠いているということは否めないであろう。

三　「対馬本」について

次に「対馬本」について検討することにするが、この本来のタイトルは次のようになっている。

享保元丙申年積之

貞享元甲子年ゟ正徳元辛卯年迄弐拾ケ八年間、御元方役勤役中出代物之分、正徳弐壬辰年ゟ同五乙未年迄四ケ年之間、京都売直段並シヲ以朝鮮ニテ之買元銀并御元方役方入目ホ致差引、残ル御利潤并日本代物朝鮮ニテ売出御利潤ホ相加積帳壱冊

この文言は史料の最初に記されているもので、『宗家文書史料』の史料目録もこの長いタイトルが付けてあり、[19] ここでは一応「対馬本」としておくことにする。この文言から「対馬本」に記載されている輸入品の価格は京都の相場を平均したもので記していることがわかる。そのことは具体的に下記の文言のなかに記しており、後で詳しく見ていくことにする。ちなみにこの「対馬本」と同じ内容の史料が「朝鮮貿易利潤積帳」（東京大学史料編纂所所蔵『宗家文書』）である。この二つの史料はどちらかが写本と思われるが、ここでは「対馬本」を検討対象にする。この史料様式は、次のようになっている。

元禄八乙亥年〈出代物を唯今直段ニ〆積立〉

一、上々 上 中　白糸八万九千四百七拾九斤半　〈辰巳子未四ケ年並シ百斤ニ付八貫四百四拾八匁五分七厘也〉

代銀七千五百五拾九貫七百廿八匁壱分
一、大緞子参拾七本　〈壱本弐百四拾参匁四分九厘〉
代銀九貫九匁壱分
一、大金襴八本
代銀弐貫参百匁　買本直段
一、大銀爛一本
代銀弐百匁五分　〈壱本ニ付弐百匁五分〉
一、綿八本
代銀壱貫七百拾匁　右同断
一、大宮紬六本
代銀壱貫百五拾五匁
一、大紗七本
代銀壱貫六百八拾匁
一、並中類違縮緬　八千九百五拾壱反　〈壱反ニ付卌九匁五分八厘五毛〉
代銀八百九拾八貫八百弐拾三匁六分
一、小飛
紗綾八千百四拾四反
一、無紋

代銀参百弐拾弐貫参百八拾匁弐分
一、撰出紗綾　四千五百参拾八反
代銀百五拾五貫壱匁八分
一、紋無　参千弐百四拾参反　〈壱反七拾弐匁参厘七毛〉
代銀弐百参拾四貫弐百六拾四匁五分
一、大紋無　六百八拾六反
代銀六拾弐貫四拾参匁弐分
一、大綾子　千八拾参反
代銀百八拾弐貫参百弐拾四匁壱分
一、路紗　七拾四反　〈壱反ニ付八拾弐匁五厘〉
代銀六貫七拾壱匁七分
一、真綿　参五千百弐拾参斤　〈壱本ニ付拾六匁四分壱厘八毛〉
代銀五拾七貫八百四拾匁六分
一、上々人参弐拾九斤弐拾匁　〈壱本ニ付壱貫四百四拾匁〉
代銀四拾壱貫九百四拾匁
〆銀九千五百参拾五貫七百八拾六匁四分
内参千四拾七貫八百廿拾弐匁　買元銀之分引之
同五百五拾壱貫五拾匁　御元方役方諸色入目之分引之

残銀五千九百参拾六貫九百四匁四分
又銀六百七拾七貫弐百九拾九匁九分　　日本代物朝鮮ニ而売出利潤斯如
〆銀六千六百壱拾四貫弐百四匁参分

このように「対馬本」は、「出代物を唯今値段〆積立」とあるように輸入のみ記した史料である。この史料は貞享元年（一六八四）から記載されているが、『韓国宗家文書』が元禄八年（一六九五）分のみ輸出入の史料が揃っているため、ここでも同年分を記載した。この文言のなかで〈　〉は同年以外のところで記されている単価であり、基本的にはその商品が初めて記載されたときに記されている。つまり輸入品のうち最初の白糸は、「上中下白糸八万九千六百七拾九斤半」で「代銀七千五百六拾九貫七百《(千カ)》　五《(百欠カ)》卅八匁壱分」と記され、その下に〈辰巳子未四ケ年並シ、百斤ニ付八貫四百四拾八匁五分七厘〉とあるが、これは貞享元年に記された文言で、全ての年に当てはまるものである。このようにこの史料は、日本国内の販売価格を辰年から未年迄における京都相場の四年間の平均で計算し直しているものである。また輸入品の〆銀の内訳として「内参千四拾七貫八百卅弐匁」が「買元銀引之」となっている。この買元銀三、〇四七貫八三二匁は、実は中村論文の『韓国宗家文書』における輸入品原価と同じ数値であるが、上記文言と表二―一②を比べるとわかるように商品の種類や数量がかなり違っている。ちなみに買元銀は朝鮮での輸入（仕入）価格の総額である。

ところで、「対馬本」をはじめ本章で取り上げた史料の朝鮮人参の数量の動向をまとめたのが表二―三である。この表からもわかるように朝鮮人参に輸入高を示す史料は大きく二つに分けることが出来る。一つは「御商売御利潤等覚書」と「対馬本」、もう一つは「朝鮮江差渡候御免銀差引下積帳」と「人参差引下積帳」である。「対馬本」における朝鮮人参の数量は、上々人参二九斤二〇匁（代銀四一貫九四〇匁）のみである。この上々人参の二九斤二〇匁は、前述した「御商売御利潤等覚書」（表二―二）の上々人参の数量と同数である。つまり、「御商売御利潤等覚書」の数量は輸入高であり国内の売上高であったが、「対馬本」の様式が輸入原価の総額から買元銀が差し引かれているところから、明らかに「対馬本」の朝鮮人参も輸入（仕入）高と売上（販売）高が同じになる。そうすると「対馬本」や「御商売御利潤等覚書」の上々人参二九斤は、本章で問題にしている輸入高＝売上高ということである。しかし、これだけから結論づけるのは早急すぎると思われる。

一方、その代銀は「対馬藩」は四一貫九四〇匁であるのに、「御商売御利潤等覚書」は一一貫四九二匁五分であり、前者の代銀が後者のそれより約四倍弱に当たる。その代銀は「対馬本」が京都相場からはじき出されたものであ

表 2-3　朝鮮人参の輸入高

（単位：斤）

年　　代	対 馬 本	御商売利潤覚書（上々上中人参）	御免銀差引積帳（実調高）	人参差引下積帳
貞享元年 (1684)	1,297.135	1,297.135(877.000)	1,231.005(894.000)	1,231.000
2 年 (1685)	959.540	959.540(651.500)	1,250.000(621.140)	1,250.000
3 年 (1686)	3,267.030	3,365.030(2,645.030)	1,300.000(2,617.050)	1,300.000
4 年 (1687)	708.374	708.374(534.146)	1,471.111(491.000)	1,471.000
元禄元年 (1688)	1,032.280	1,032.700(904.562)	1,452.132(904.140)	1,452.132
2 年 (1689)	727.535	727.535(583.035)	1,566.006(593.064)	1,566.006
3 年 (1690)	733.000	696.064(696.064)	1,390.000(713.00)	1,390.000
4 年 (1691)	3,718.032	3,639.032(3,639.032)	1,650.000(3,703.032)	1,650.000
5 年 (1692)	2,315.000	2,276.000(2276.000)	1,700.000(2,315.000)	1,700.000
6 年 (1693)	3,402.000	3,351.146(3351.146)	1,710.000(3,376.000)	1,710.000
7 年 (1694)	6,681.500	6,678.500(6678.500)	1,900.000(6,541.500)	1,900.000
8 年 (1695)	29.020	29.020(29.020)	1,928.091(不相調)	1,928.500
9 年 (1696)	454.084	411.000(411.000)	1,915.000(386.000)	1,915.000
10 年 (1697)	1,356.070	1,398.074(1356.070)	2,501.100(1,348.000)	2,511.500
11 年 (1698)	2,470.066	2,478.066(2,016.066)	500.000(2,053.150)	500.000
12 年 (1699)	381.610	381.660(224.110)	1,900.000(227.100)	1,500.000
13 年 (1700)	1,443.100	1,443.080(1,267.080)	1,284.030(1,284.030)	1,284.030
14 年 (1701)	1,238.130	1,238.130(1,238.130)	1,800.000(1,260.020)	1,800.000
15 年 (1702)	1,239.257	1,239.257(1,074.137)	2,000.000(1,097.063)	2,000.000
16 年 (1703)	776.211	776.211(632.151)	879.083(625.121)	879.500
宝永元年 (1704)	1,725.156	1,711.668(1,701.000)	1,626.081(1,701.156)	1,626.081
2 年 (1705)	993.584	992.031(691.000)	1,289.031(654.125)	1,298.000
3 年 (1706)	747.205	793.220(709.080)	1,000.000(663.065)	1,000.000
4 年 (1707)	164.143	164.896(164.896)	550.000(153.103)	550.000
5 年 (1708)	886.070	866.070(814.070)	816.106(827.035)	816.500
6 年 (1709)	1,640.180	1,627.140(1627.140)	783.053(1,653.048)	783.000
7 年 (1710)	919.633	1,180.547(933.047)	1,287.500(933.047)	1,287.500
正徳元年 (1711)	544.124	614.070(448.040)	1,289.000(492.150)	1,289.000

（出典）「御商売利潤」＝「御商売利潤儷并御銀鉄物并御代物朝鮮ゟ出高積立之覚」
（国立国会図書館所蔵『宗家記録』）
「御商売利潤」＝「御商売利潤儷并御銀鉄物并御代物朝鮮ゟ出高積立之覚」
「御免銀差引帳」＝「朝鮮江朝鮮差渡候御免差引積帳」（東京大学史料編纂所所蔵）

るのに対して、「御商売御利潤等覚書」の代銀は国内での販売価格といってよい。しかし「御商売御利潤等覚書」は、各商品ごとに価格を記した後にその会計を出し、それを「四割潰（四割引）」といった方法で計算を行っている。[20] こうした複雑な計算方法が、日朝貿易の実態を明らかにできない大きな要因になっている。

表二―三からもわかるように元禄八年（一六九五）は言うまでもなく朝鮮人参の種類、数量、代銀は、史料によって異なっていることがわかる。そのため朝鮮人参の数量をもう少し明らかにするため、次の史料をみることにしよう。

四　「朝鮮江差渡候御免銀差引下積帳」と「人参差引下積帳」の問題点

これまで見てきた「御商売御利潤等覚書」、「対馬本」における朝鮮人参の数値は断言できないものの、一応輸入高＝売上高とした。そこで最後に東京大学史料編纂所所蔵の「朝鮮江差渡候御免銀差引下積帳」と「人参差引下積帳」を検討することにしよう。この二つの史料には表現の違いはあるが、最初の頁に「正徳三癸巳五月十五日土屋相模守錍平田直右衛門被召寄御尋付積立之」といった主旨の文言があり、同じ視点で記された史料であることがわかる。これらの史料が扱っている時期は、延宝二年（一六七四）から正徳二年（一七一二）迄の約四〇年にも及ぶ。

「朝鮮江差渡候御免銀差引下積帳」は、正徳三年（一七一三）に老中土屋相模守政直から対馬藩の江戸詰家老平田直右衛門が朝鮮貿易の実状の説明を求められたのに対し、「右之通御尋付御国江申連御国ゟ書付御勘定手代西村栗右衛門を以被差越候ニ付左之通積仕立之」とあることからもわかるように、国元から送られてきた書付を基にして対応したものである。なお言うまでもないが、平田直右衛門の幕府への報告は、対馬から送られてきた書付の通り行われたわけではない。それは「イロハ合印之分土屋相模守様江差上候書付引合候事」とあるように、史料のなかにイロハと記されているところが幕府へ報告されたのである。ここでは元禄八年（一七九五）の分を記載することにする。

元禄八乙亥年

一、銀千八拾貫目　　　朝鮮人ゟ手形前請取有之

ラ　人参千九百弐拾八斤九拾壱匁代　　　買元壱斤付五百六拾匁也

但、実此年ハ不相調前年調方大分ニ候故、当年特越罷成候故

右同断〈前後相考了簡を以如此〉

このように最初に「銀高」一、〇八〇貫、次に朝鮮人参の数値一、九二八斤九一匁、その下に買元つまり朝鮮での仕入代銀が一斤あたり銀五六〇匁、その但書として元禄八年（一七九五）は朝鮮人参が調達できなかったため、前年に多く輸入しているのでそれで間に合わせることを旨とした文言が記されている。最初の銀高一、〇八〇貫は、朝鮮人参の数値一、九二八斤九一匁と買元銀五六〇匁を掛け合わせたものである。尚、但書の文末に「右同断」と記されているが、それは史料の掲載初年の延宝二年（一六七四）にその具体的文言「前後相考了簡を以如此」と記されているのを繰り返し述べたものである。朝鮮人参の数値一、九二八斤九一匁の上に「ラ」と記されてあり、これが幕府に報告されたもので「名目」輸入高と思われる。この数値が表二―三の「御免銀差引積帳」に記されたものである。

ところで元禄八年（一七九五）以外で史料全体を通じて記されている文言として、第一に但書に実調高が記されていることである。この実調高は「実質」輸入高のことであり[21]、しかも但書としたうえで、わざわざ内部史料として国元から江戸の藩邸に書付として送られていることからも間違いなかろう。その推移は表二―三の通りである。このように対馬藩は、「実質」輸入高と幕府に報告する「名目」輸入高を記録していたことが分かる。この点がこの史料の第一の問題点である。つまり、対馬藩は二重の記録を作成していたのである。このように「名目」輸入高と実調高＝「実質」輸入高とに区別さ

れたのは、貿易利益をあげるため、あるいは朝鮮人参の備蓄を計り、その安定供給を行うために対馬藩がとった最善の策と考えられる。幕府に報告する「名目」輸入高と違って、藩内部の記録としてとどめておく実調高は、「実質」輸入高としても間違いではなかろう。その数値は基本的には、表二―三からわかるように他の史料より全体的に低めであった。

第二に、白糸、諸色とともに白米とその代銀が記されており、これがこの史料の第二の問題点である。これは朝鮮人参と関係はないが、私貿易においては白米が輸入されていたことは大変興味をそそる文言のため取り上げた。つまり従来の説では、白米は公貿易において取り引きされており、私貿易において輸入されていたといった先行研究も見あたらないが、ここでは私貿易の帳簿のなかで一緒に記載されている。これが事実であれば、対馬藩は藩内の米不足を公貿易のみならず、私貿易においても朝鮮米を輸入していたことになり、対馬藩が朝鮮貿易に積極的であったことの意味が今までより一層と明らかになる。[22] そのためここでは、これ以上の言及は避け、今後の研究課題にしておきたい。

第三の問題点は、朝鮮人参の輸入高は、品質別の記載ではなく「総」輸入高で記されている点である。しかも、朝鮮人参一斤当たりの買元銀として五六〇匁と記されている。この買元銀はもちろん年によって異なっている。それに対して田代和生氏は、「両記録（「御商売御利潤等覚書」と「朝鮮江差渡候御免銀差引下積帳」・・・筆者）ともほぼ一致した数字を示しており、まず正確な史料と考えてよかろう[23]」といわれている。しかしながら、同氏が「ほぼ一致した数字」とされたのは、「朝鮮江差渡候御免銀差引下積帳」の実調高と「御商売御利潤等覚書」において記されている朝鮮人参の種類のうち、尾人参などの劣悪な朝鮮人参を除く品質の輸入高とを比較した数字のことである。確かに表二―三の通り、この実調高は「御商売御利潤等覚書」の「総」輸入高と一致しないが、劣悪な朝鮮人参を除いた「上々上中人参」の数量とは類似しているといってよかろう。しかし、対馬藩にとっては朝鮮人参を販売し、出来るだけ多くの利潤を藩庫に入れられるかが問題であり、小人参、尾人参を除くことは考えられない。しかも、尾人参に関して九州大学文学部国史研究室所蔵の『古川家文書』

のなかに次の文言がある。

一、白糸、尾人参、大緞子之買元銀ハ現銀ニて之買元直段ニて御座候、其外反物諸品之買元銀ハ唯今之買込代物替之直段ニ仕候故、現銀ニ直候時も四割潰之御之法式を用事

このように白糸、尾人参、緞子との三品は銀と取り引きされ、その他の反物や諸品の仕入銀は代物替えで行い、それを現銀に直す場合は「四割潰」の方法を用いるとされる事が記されている。尾人参をはじめとする白糸や緞子が重要な取引品であったことがわかる。また、東京大学史料編纂所所蔵の「朝鮮貿易利潤積帳」によれば、上々人参、上人参、下人参の価格と、小人参の価格は一貫四四〇匁で同額になっており、同じ価値として評価されているのである。

品質の面から見た場合、田代氏が「払い下げなし自家用人参[24]」とされる尾人参、小人参などの品質は、『人参史』において髭人参の項目で説明され、髭人参のことを尾人参、小人参などとも呼ばれていることが記されている[25]。この髭人参に関して「見かけは悪いが薬性が殊外よい[26]」とあり、当時薬種として一概に無視することは出来ないのである。

記載内容の異なる「御商売御利潤等覚書」と「朝鮮江差渡候御免銀差引下積帳」を比較する場合は、「御商売御利潤等覚書」のように各品質別に数量が明記されていることから品質別の数量を対象にするか、「朝鮮江差渡候御免銀差引下積帳」のように朝鮮人参の総数量を対象にするべきか、いずれにしても同じ条件のもとで比較する必要がある。「朝鮮江差渡候御免銀差引下積帳」は総数量のみしか記載されていないことや、その内訳を明らかにする傍証史料が現段階では見あたらない点から、この二つの史料の朝鮮人参の輸入高を比較する場合、ここでは総数量によって比較するべきと考える。

それに対して「人参差引下積帳」は、次のような史料形式である。

元禄八乙亥年調高

一、人参千九百斤弐拾斤九拾壱匁

合弐千七百九拾八斤拾壱匁

内四百五拾壱斤半　　　　　但、高ゟ一割六歩弐厘六毛減

○同千五百七拾壱斤　　　　払出候高如此

内千五百斤　　　売高

但、実売高千九百八拾五斤六匁候得共右同断

内五百九斤半　　　　　　京大坂売

内弐拾九斤百参拾匁　　　長崎売

内千四百四拾五斤百拾六匁　江戸売　役人　仁位吉右衛門

但、壱斤ニ付六百八拾匁　　　　宿　端屋七兵

同七拾壱斤　　　諸方遣并右同断

残七百七拾弐斤

この文言は、朝鮮人参の調高一、九二〇斤九一匁、次にこの「調高」に前年の「残高」八九六斤を加えた数量として二、七九六斤一一匁、この二、七九六斤の一割六分二厘六毛（年によって違う）にあたる四五一斤一一匁と払出高一、五七一斤を差し引いたのが、最後の「残高」として七七二斤である。払出高の内訳として売高一、五〇〇斤、「諸方遣并右同断」七一斤とあり、さらに売高の但書に実売高一、九八五斤六匁が記され、その内訳として「京大坂売」五〇九斤半、「長崎売」二九斤一三〇匁、「江戸売」一、四四五斤一一六匁とある。このほか年においては、「御国売」、「博多売」などがある。[27]この文言からこの史料が、朝鮮人参の国内流通について示した史料であることがわかる。

この史料の問題点の第一は、「但、高ゟ一割六分弐厘六毛減」とあるように年により一定の割合で朝鮮人参の斤数が差し引かれていることである。何のために最初から割り引いているのか目的が定かではない。しかし、そのため確実に対馬

藩に備蓄されていったことは確かである。そうしてその残りが国内市場に供給されることになる。ただ、「輸入高」から国内へ供給された残りが「残」として計上されており、その「残」は次年度の輸入高に加えられ、それから再び一定の割合で差し引かれているところを見ると、藩内に一定の割合で備蓄されたものと、この「残」は対馬藩が朝鮮人参の安定供給を行うための方法であったものといえる。こうした備蓄を行うことは朝鮮貿易を認められた唯一の藩として、また薬種の供給ルートの一翼を担う藩として、薬種を確保する責任を果たすことになり、幕府に対して面目が立つことになる。つまり朝鮮人参が輸出禁止にされており、そのため元禄八年（一六九五）の実調高は明記されていないが、このような時にこの備蓄されていた朝鮮人参を拠出したのである。

第二の問題点は、調高、払出高、売高、実売高の項目が明記されていることである。つまり、朝鮮人参の輸入から国内での販売に至るまでの数量の実態が明らかになる。ちなみに調高は「名目」輸入高のことであり、払出高は国内市場に供給する量、売高は名目上売られた量、実売高は実際に売られた量のことである。対馬藩は輸入に際しても輸入高と実調高を二重に記録していたが、国内に供給する場合も払出高、売高、実売高と言ったように複雑に記録していることがわかる。対馬藩は仕入と売上において二重に記録を作成することによって朝鮮人参の「実質」輸入高や「実質」売上をカモフラージュしていたものと思われる。

これらの関連性のなかで最も注目することは、払出高、実売高、それに先の実調高との関係であろう。つまり対馬藩によって輸入された朝鮮人参は、対馬経由で国内に供給されたが、この間の数量的な実態を明らかにすることが出来る。国内に輸入された朝鮮人参の流通量をまとめたのが表二―四である。この表からも分かるように実調高と払出高の関係は、実調高が年平均一、三六一斤六四八匁、払出高が年平均一、一〇一斤八五一匁になり、平均であるが確実に二五九斤七九七匁が対馬藩に蓄積されていくことになる。一方、実調高は一、三六一斤と実売高一、二八七斤の差は約七四斤七九匁になり、これも対馬藩に蓄積されていたことになる。このように実調高と払出高の関係、実調高と実売高の関係からも対馬藩には常に朝鮮人参が藩元に残ることになっていた。

また払出高と実売高の関係は、払出高が一、一〇一斤八五一匁、実売高が一、二八七斤七八一匁でその差は一八五斤九三〇匁になり、これは市場において朝鮮人参が常に品不足の状況に置かれていたことを意味する。このように実売高の数量が払出高の数量より多いことは、対馬藩は常に備蓄していた朝鮮人参の流出を余儀なくされていたことになる。このように対馬藩は朝鮮人参を多めに輸入し、国内へ供給する量から若干藩

表 2-4　朝鮮人参の流通高

（単位：斤）

年　代	調　高	実調高	払出高	売　高	実売高
	人参差引下積帳	御免銀差引下積帳	人参差引下積帳	人参差引下積帳	人参差引下積帳
貞享元年 (1684)	1,211.005	894.000	920.000	850.000	2,758.000
2 年 (1685)	1,250.000	621.140	1,101.000	1,050.000	2,110.000
3 年 (1686)	1,300.000	2,617.050	1,030.000	950.000	1,623.066
4 年 (1687)	1,471.111	491.000	895.111	840.111	589.101
元禄元年 (1688)	1,452.132	904.140	1,357.132	1,300.132	617.060
2 年 (1689)	1,566.006	593.064	1,253.500	1,200.000	793.096
3 年 (1690)	1,390.000	713.000	1,021.000	970.000	766.058
4 年 (1691)	1,650.000	3,703.032	1,199.500	1,135.000	1,435.130
5 年 (1692)	1,700.000	2,315.000	1,173.000	1,110.000	1,790.120
6 年 (1693)	1,710.000	3,376.000	1,036.000	1,010.000	1,587.039
7 年 (1694)	1,900.000	6,541.500	1,475.000	1,400.000	2,305.153
8 年 (1695)	1,928.091	0.000	1,571.000	1,500.000	1,985.006
9 年 (1696)	1,915.000	386.000	1,501.500	1,450.000	2,491.014
10 年 (1697)	2,511.100	1,348.000	1,753.000	1,700.000	2,403.101
11 年 (1698)	500.000	2,053.150	1,123.000	1,073.000	1,041.081
12 年 (1699)	1,590.000	227.100	1,270.000	1,218.000	1,218.140
13 年 (1700)	1,284.030	1,284.030	795.000	750.000	712.060
14 年 (1701)	1,800.000	1,260.020	1,198.000	1,150.000	1,159.070
15 年 (1702)	2,000.000	1,097.063	1,520.000	1,470.000	1,494.036
16 年 (1703)	879.083	625.121	950.000	910.000	902.136
宝永元年 (1704)	1,626.081	1,701.156	1,300.000	1,250.000	1,354.018
2 年 (1705)	1,298.031	654.125	949.000	910.000	887.013
3 年 (1706)	1,000.000	663.065	735.000	700.000	542.028
4 年 (1707)	500.000	153.103	486.000	453.000	386.085
5 年 (1708)	816.106	827.035	559.106	530.000	674.082
6 年 (1709)	783.053	1,653.048	727.000	690.000	827.030
7 年 (1710)	1,287.500	933.047	788.000	755.000	859.111
正徳元年 (1711)	1,289.000	492.150	1,165.000	1,118.000	749.043

（出典）「御免銀差引積帳」＝「朝江鮮江差渡候御免差引下積帳」（東京大学資料編纂所所蔵）
「人参差引下積帳」（同上）

元に備蓄した。そうして国内市場は朝鮮人参の需要が高く、不足気味であった。それを補ったのが蓄積されていた朝鮮人参であった。

いずれにしても、対馬藩は元禄一〇年（一六九七）以降朝鮮人参の欠乏を理由として、幕府や商人から貿易資金調達などを行っている一方、毎年のように朝鮮人参の残高が出るように努力を怠らなかったのが実態であろう。そうした努力が、これまで論じてきたように記録の作成につながっていたものと思われる。

五　おわりに

本章では、朝鮮人参の「輸入高」を明らかにするために、「御商売御利潤等覚書」、「対馬本」、「朝鮮江差渡候御免銀差引下積帳」、「人参差引下積帳」について検討した。その結果、朝鮮人参の記述方法に総数量と品質別で記されていることが明らかになった。とりわけ総数量で記されている場合、その内訳を明らかにしなければ品質別の朝鮮人参の輸入高と比較することは出来ない。つまり、朝鮮人参には多くの種類があり、しかも薬種としてみんな捨てがたいものばかりである。そのため本章では、総数量をもとにして輸入高を明らかにした。

田代和生氏が明らかにした「御商売御利潤等覚書」は貿易帳簿としての様式をとっているものの問題点もあるのも事実である。とりわけ、朝鮮人参の輸入高についてはこの史料が国内での販売に関するものであり、その場合輸入高と記されている数量は販売高と考えられた。また田代論文を批判した中村質氏が用いた『韓国宗家文書』にも問題が存在していた。この史料では輸出においては「御商売御利潤等覚書」と取引品、数量、代銀は一致したが、輸入は異なっていた。この史料的価値は評価するものの、検討の余地が残っている。このように現段階では、朝鮮人参の輸入高を断定するには史料が不足していることは否めない。いずれにしても「御商売御利潤等覚書」、『韓国宗家文書』の輸入高は、売上高と同数値であった。

それに対して「朝鮮江差渡候御免銀差引下積帳」、「人参差引下積帳」は、対馬藩が幕府に朝鮮貿易について実状を報告するために国元から送られてきた書付であり、かなり信憑性が高いといえる。「朝鮮江差渡候御免銀差引下積帳」には、「名目」輸入高と実調高が計上され、その数値は異なっており、朝鮮人参の輸入の記録が二重になっていたことを明らかにしている。一方、「人参差引下積帳」は、払出高、売高、実売高など朝鮮人参の国内流通も二重に記録されていた史料であった。

本章では、「御商売御利潤等覚書」や「対馬本」をも考慮に入れ、「朝鮮江差渡候御免銀差引下積張」と「人参差引下積張」から輸入高（調高）、実調高、払出高、売高、実売高などを検討した結果、現段階では朝鮮人参の輸入高として実調高の数値としておきたい。

ただ寛文一〇年（一六七〇）の表書札方「毎日記」の表紙に次のような文言があるので紹介しておくことにする。[28]

〈これより前不明〉

別御代官所務

諸色売払帳ゟ抜入

一、上人参百斤七拾六匁

売立代銀百四拾四貫六百八拾四匁　　壱斤壱貫四百四拾匁

内六拾貫弐百九拾匁六分四厘

買元並シ壱斤五百九拾九匁弐分六毛

○残御利潤銀八拾四貫参百九拾参匁三分六厘

〈後略〉

「毎日記」は再三書き写されており、この文言の年代は特定することはできなかった。ただ、朝鮮人参は江戸売りが中心になっており、『人参史』第三巻に宝永四年（一七〇七）から「江戸売人参一斤代銀」として一貫四四〇匁とあり、それ以前の一斤あたりの代銀はこの数値より低いことから、同年以降のものと思われる。「朝鮮江差渡候御免差引下積帳」では「買元銀」として正徳元年（一七一一）で一貫二二〇目になっているが、『人参史』第三巻によれば「対馬ヨリ幕府ニ申告人参一斤買入元直銀」として一貫二二〇目で、江戸売として一貫四四〇匁になっている。同じく『人参史』第三巻によれば正徳元年（一七一一）から享保四年（一七一九）まで途中「不明」があるものの同様の数値を示している。また「別代官」の文言があり、別代官が正徳元年（一七一一）に設置され、安永六年（一七七七）まで用いられた名称であることなどから、上記文言はこの間（一七一一〜一七七七）の史料といえる。ここでの朝鮮人参の数値は販売高といえる。この史料の全体的な実態は明らかではないが、「諸色売払帳ゟ抜入」といった文言から「諸式売払帳」が存在していたことがわかる。一方それは輸入高を記した史料も存在していたことが推測される。いずれにしても朝鮮人参の輸入高を特定することは難しい。

また対馬藩には、朝鮮人参を必ず備蓄していたが、朝鮮人参の国内市場は供給不足がちであった。その不足分は備蓄されていた朝鮮人参で補っていた。むしろ対馬藩は、人為的にこのような流通システムを構築していたのではなかろうか。

対馬藩が貿易に関する史料を二重に記録したのは、第一に対馬藩にとって朝鮮貿易は藩経済の根幹であり、それに対して幕府は対馬藩を抜きにして朝鮮外交の窓口は考えられなかったことなど両者の事情があったことが考えられる。こうしたことが幕府が対馬藩へ貿易資金を援助し、逆に対馬藩は幕府から貿易資金の調達に成功した背景である。第二に、朝鮮人参に対する需要が大きく、幕府も不可欠な薬種としてその供給が不可欠であり、市場調整をする必要があった。(29) いずれにしても対馬藩にとっても幕府にとっても朝鮮貿易とりわけ朝鮮人参は、頗る重要な輸入品であったことには代わりはなかった。そうした背景が、「名目」輸入高と「実質」輸入高あるいは「売高」と「実売高」といった二重の記録を作成させ、対馬藩に対朝鮮貿易とりわけ朝鮮人参の記録を多く残させたと言える。

　以上のように朝鮮人参の輸入高について検討してきたが、今後第一に日朝貿易における商品流通の仕組みの実態の研究、第二に数量的かつ体系的な検討をきめ細かくすることが必要であろう。

（注）

（１）朝鮮人参の輸入（仕入）、販売などの数量を示す場合は「輸入高」、「販売高」といったように「高」の字であらわす。それに対して朝鮮人参の輸入価格、販売価格を示す場合は「代銀」と表示する。
（２）本章で取り上げる史料以外には、今村鞆『人参史』全七巻（思文閣、一九三八年三月刊行、一九七一年六月復刻）、国立国会図書館所蔵『宗家記録』、東京大学史料編纂所所蔵『宗家史料』のなかに多くある。
（３）田代和生『近世日朝通交貿易史の研究』（創文社、一九八一年二月）二五一頁～二九六頁
（４）田代和生『前掲書』（一九八一年）二八五頁
（５）田代和生『前掲書』（一九八一年）二五一頁～二九六頁
（６）中村質『異国と九州─歴史における国際交流と地域形成─』（雄山閣、一九九二年一〇月）一三三頁～一三八頁
（７）田代和生『前掲書』（一九八一年）二五二頁
（８）七〇年代以前の日朝外交・貿易の研究のなかで代表的なもののみをあげることにしよう。中村栄孝『日鮮関係史の研究（上・中・下）』（吉川弘文館、一九六〇年四月）、『日本と朝鮮』（至文堂、一九六六年六月）、田中健夫『中世海外交渉史の研究』（東京大学出版会、一九五九年一〇月）、長正充氏「日鮮関係における記録の時代」（『東洋学報』第五〇巻　第四号、一九六八年三月）、森克己「中世末・近世初頭における対馬宗氏の朝鮮貿易」（九州大学『九州文化史研究所紀要』創刊号、一九五〇年三月）がある。
（９）『前掲書』（一九六〇年）
（10）『中世対外関係史』（東京大学出版会、一九七五年四月）
（11）『近世日朝関係史の研究』（文献出版、一九八六年三月）
（12）『釜山窯の史的研究』（関西大学出版会、一九八五年一〇月）、『近世対馬陶窯史の研究』（関西大学出版会、一九九一年九月）、荒野泰典『東アジアと近世日本』（東京大学出版会、一九九〇年二月）、『長崎県史（藩政編）』（吉川弘文館、一九七三年一二月）などがある。

(13)田代和生『前掲書』(一九八一年)、このほか同「幕末日朝私貿易と倭館貿易商人」(速水融・斎藤修・杉山伸也編『徳川社会からの展望』同文舘、一九八九年六月)

(14)森晋一郎「近世後期対馬藩日朝貿易の展開」(慶応大学『史学』五六―三、一九八六年一一月)、鶴田啓「近世日朝貿易と日朝接触の特質」(『歴史評論』四八一号、一九九〇年五月、拙稿「朝鮮貿易における白糸取引の問題点」(日本文理大学『太平洋地域研究所紀要』第二号、一九九一年一一月)、同「寛文一三年「毎日記」にみる日朝関係について」(福岡大学『商学論叢』第四〇巻 第三号、一九九六年三月)、

(15)(16)中村質『前掲書』(一九九二年)一三四頁

(17)それが国内市場に流通されると、次のように朝鮮人参の名称が変化する。献上人参(将軍用)、上々人参(大奥、老中、諸侯用)、上々次人参(前項に次ぐ身分用)、座人参(庶民用)、撰下人参(用途不明)などと販売対象によって名称を異にしている。つまり、対馬藩に輸入され、それが国内に流通する際、これらの朝鮮人参がどのように国内用に分類されていくのか明らかにされない限り、朝鮮人参のもつ日朝貿易における価値や朝鮮人参からあがる利潤は明らかにされないであろう。

(18)中村論文には、宝暦三年(一六五三)の輸入の商品名なども記されているが、元禄八年ほど詳しくないためここでは同年を取り上げる。

(19)厳原町教育委員会『宗家文庫史料目録(記録類Ⅲ)』三六八頁

(20)「四割潰(四割引)」などが行われていたが、その理由を説明した史料は管見するかぎりみあたらない。こうした対馬藩特有の計算方法を明らかにしなければ日朝貿易の解明は進まない。

(21)田代和生『前掲書』(一九八一年)二八八頁

(22)対馬藩は飛び地の肥前田代領から博多経由で多くの米が輸入されていた。(拙稿「福岡藩における対馬藩蔵屋敷(対州屋敷)について」『福岡県地域史研究』第一四号、一九九六年三月)

(23)田代和生『前掲書』(一九八一年)二八八頁

(24)田代和生『前掲書』(一九八一年)二六五頁

(25)『人参史』第七巻、四九七頁

(26)『人参史』第七巻、五〇〇頁

(27)『人参史』第三巻、二五八頁

(28)脱稿後にこの史料を閲覧したため、ここに挿入することは唐突の感が否めないが、貿易に関する帳簿の一つの形態の一端がかいま見え、重要な史料と思われ本稿で急遽挿入した。

(29)朝鮮から輸入された朝鮮人参は、国内では不可欠な薬用として高い値段で販売されていた。そのため幕府は、度々朝鮮人参の値段を定めたお触を出し、朝鮮人参の値段が高騰するのを極力抑えようとしていた。

第三章　朝鮮貿易における白糸貿易

一　問題の所在

徳川政権が鎖国政策を実施するなかで、近世日朝貿易が対馬藩によってかなり大規模に行われていたのは、極めて著名な事実である。しかも徳川政権は、慶長一四年（一六〇九）に対馬藩が己酉約条を結ぶことによってオランダや中国ではなく隣国の朝鮮と唯一外交関係をもつことになった。(1) 対馬藩による朝鮮貿易は、これらの点からもその意義は、頗る大きいといってよい。また徳川政権の外交・貿易政策のうえからも日朝貿易は、長崎貿易以上に重要であったと思われる。

朝鮮貿易を営む対馬藩には、一七世紀末に幕府の貨幣改鋳後も純度の高い人参代往古銀＝特注銀の輸出が特別に幕府によって認められていた。(2) また同時期に朝鮮貿易の衰退を理由に対馬藩は、幕府から多額の貿易資金の調達を行うなど、種々の形で幕府のバック・アップを受けていた。(3) 貿易資金調達に関しては、対馬藩は幕府のほかにも大坂をはじめ京都、長崎などの商人からも、一七世紀後半頃すでに莫大な借銀を行っていた。(4) もともと対馬藩には、これといった産業がなく、藩経済を全面的に朝鮮貿易に求めていたと言っても過言ではない。これが朝鮮貿易の原点である。その一方では、十二分に幕府や多くの商人からの支援を勝ち得ていたところに、対馬藩の強さが窺えるのである。朝鮮は、中国を中心とする外交体制である冊封体制のなかで中国との関係を温存しながら、日本との関係も維持していった。朝鮮は日本と中国との狭間で、まさしく善隣外交を行っていった。[5] それは貿易品、とりわけ本章で取り上げる貴重な輸入品である白糸が、中国から朝鮮へ輸入され、さらに日本へ輸入されていたと言われていることからも、朝鮮の置かれている地位を理解することが出来る。その延長線上にあるのが、対馬藩の朝鮮貿易であった。

対馬藩と朝鮮との間で取引された商品の主なものは、輸出品として銀、銅、輸入品として朝鮮人参、白糸などであった。特に白糸は、長崎貿易において糸割符制度が実施されるなど、幕府が最も厳しく統制した取引品である。[6] 糸割符制とは、生糸取引の主導権を日本側が把握することによって、五カ所商人が一括購入（パンカド）した生糸を国内の商人が入札によって配給し、その流通過程を幕府が管理することを目的にするものである。糸割符制は、寛永八年（一六三一）から寛永一〇年（一六三三）にかけて改変され、分国糸と称して福岡、久留米、柳川、佐賀、小倉、そして対馬にも糸割符への参加が認められた。そのほかに呉服所の六軒に現糸六〇丸が許された。分国糸とは、この九州六藩に対して合計二六丸半を現糸で購入することが認められた白糸のことである。ちなみに対馬藩は二丸半の権利が与えられ、服部八郎左衛門が糸割符人になった。[7] このように白糸取引は、あくまで長崎貿易を中心に行われていたとするのが通説である。しかしながら長崎貿易に劣らない白糸の取り引きが、対馬藩に認められていた。朝鮮貿易における白糸の輸入問題には、長崎貿易との関係、分国糸との関係、白糸の国内流通過程など重要な問題が山積みしている。しかも、それは鎖国制との関係からも、極めて重要である。[8] それにも関わらず、何一つ解明されないで今日に至っている。そこで筆者は本章において、一七世紀中葉から一七世紀末に至る朝鮮貿易における白糸取引の問題点について列挙し、検討を試み、問題提起を行うことにする。

本論にはいる前に、朝鮮貿易における白糸取引にどのような問題が存在しているのか明らかにしよう。第一に、対馬藩の史料は、所在地により『宗家文庫史料』、『宗家史料』などと称され、長崎県立対馬歴史資料館、国立国会図書館、東京大学史料編纂所などに所蔵されているが、朝鮮人参の史料はかなり多量にのぼるのに対して、白糸に関する史料は、けた外れに少ない。第二に、分国糸との関係である。分国糸は幕府の糸割符制の一端として対馬藩に認められていたのに対して、朝鮮貿易は対馬藩の独占的経営にもとづいて営まれていた。この両者の関係や対馬藩の分国糸に対する対応が明らかにされないままになっている。第三に、白糸の流通問題がある。これは中国―朝鮮―日本（対馬）の流通と、日本国内の流通の問題に分けて考えられる。もちろん、この両者は密接に関係があることは否めない。第四に、白糸の取引とその利益が、どの程度にのぼるのかが上げられる。最後に、朝鮮貿易における白糸取引は、終始順調に行われていたとするのか、当初からかなりの紆余曲折があったのかが、大きな問題である。これは所謂鎖国体制前後からの日本の貿易実態を知るうえで、一つの大きな問題であることには変わりはない。本章では、所謂鎖国完成後から天和末年（一六八三）までの白糸取引の実態を検討することにより、右の第四、五について明らかにしたい。

最後に、研究史について論じることにする。朝鮮貿易おける白糸について具体的に論じた研究は、田代和生氏の著書が上げられる以外は皆無といってよい。(9)朝鮮貿易における白糸取引に関しては、前述したように重要な問題であることがわかっていながら、史料の問題などからこれまで議論されることが皆無であった。しかしながら、このような意味でも白糸取引の問題は、すこぶる重要であると言える。もちろん日朝関係、対馬藩の藩経済については、中村栄孝氏(10)、長正統氏(11)、田中建夫氏(12)、三宅英利氏(13)、荒野泰典氏(14)、ロナルド・トビ氏(15)、鶴田啓氏(16)、森晋一郎氏(17)などの研究があり、かなりの成果をあげている。(18)藩政期全般の朝鮮貿易については『長崎県史（藩政編）』がある。(19)白糸取引の中心である長崎貿易においては、岩生成一氏(20)、箭内健次氏(21)、中田易直氏(22)、山脇悌二郎氏(23)、永積洋子氏(24)、高瀬弘一郎氏(25)、太田勝也氏(26)などの著書論文がある。このほか長崎貿易と三井との関係について論じるのが、森岡美子氏である。(27)また藩貿易の視点から、具体的に取り上げ、白糸取引についても論じているのが武野要子氏である。(28)白糸貿易の研究は、長崎貿易が中心になされていたことがわかるであろう。その意味でも、本章で朝鮮貿易における生糸について論じることの意義は極めて高いと言える。

二　白糸の輸入量

朝鮮貿易において極めて重要な商品である生糸に関する数量的史料は、私が管見する限り二点あるのみである。一つは、国立国会図書館所蔵の『御商売御利潤御銀鉄物并御代物朝鮮ゟ出高積立之覚書』（以後『国会本』とする）である。この史料は、対馬藩の貿易役人である元方役の在任期間中における私貿易の貿易帳簿であると言われており、私貿易の実態を明らかにするうえで頗る貴重な史料である(29)。ただ、この史料については、取引品やその数量などが記され、極めて興味あるものであるが、「四割潰」といった特殊な計算方法がなされているなど、内容に不明な点も多い。この史料に関しては、一度詳しい分析を行う必要があろう。もう一つは、東京大学史料編纂所と長崎県立対馬歴史民俗資料館との二カ所に所蔵されている史料である。両所に所蔵されている史料は、同一内容、形態で記されている。前者の史料名が『御商売御利潤積帳』（以後『東大本』とする）である。後者の史料は『宗家文庫史料目録（記録類Ⅲ）』によれば最初のページの文言が全て史料名となっている（以後『対馬本』）。それは次のようになる(30)。

　　　享保元丙申年積之
貞享元甲子年ゟ正徳元辛卯年迄、弐拾ケ八年之間、御元方役勤役中出代物之分、正徳弐壬辰年ゟ同五乙未年迄、四ケ年之間、京都売直段並シヲ以、朝鮮ニ而之買元銀并御元方役方入目ホ致差引、残ル御利潤并日本代物朝鮮ニ而売出御利潤等相加江積帳壱冊

この文言の内容は、貞享元年（一六八四）から正徳元年（一七一一）までの二八年、対馬藩の役人である元方役の在任

表 3-1　『国会本』における白糸の品質・数量・代銀

年代	品質	数量	代銀	100斤ニ付
貞享元年	上、中、下	30,396斤	709〆229匁７分	２〆323匁２分
２年	上、中	71,135斤	1,719〆957匁	
３年	上、中、下	77,265斤	1,853〆610匁	
４年	上々、上、下	129,178斤	3,161〆045匁	
元禄元年	上々、上、中、下	102,119斤	2,549〆500匁	
２年	上々、上、中、下	150,678斤	1,750〆104匁	
３年	上、中、下	98,910斤半	2,419〆472匁	
４年	上々、上、中	58,226斤半	1,420〆984匁	
５年	上々、上、中	66,915斤	1,657〆923匁	
６年	上々、上、中	81,514斤	2,034〆752匁	
７年	上々、上、中	141,382斤	3,535〆848匁	
８年	上々、上、中	89,479斤半	2,223〆550匁	
９年	上々、上、中	99,056斤	2,473〆191匁	
10年	上々、上、中	77,051斤	1,926〆892匁	
11年	上々、上、中	47,973斤30匁	1,490〆583匁３分７厘	
12年	上々、上、中	23,264斤	739〆787匁８分５厘	
13年				
14年	上々、上、中、下	50,467斤半	1,612〆154匁３分５厘	
15年	上々、上、中、下	28,831斤	969〆460匁７分	
16年	上々、上、中、下	29,513斤半	991〆976匁２分５厘	
宝永元年	上々、上、中、下	15,945斤	501〆854匁３分	
２年	上々、上、中、下	47,054斤半	1,619〆747匁５分６厘９毛	
３年		51,325斤８合	1,741〆407匁１分１厘	
４年		21,771斤半	749〆740匁５分	
５年	上、中	19,290斤半	659〆785匁	
６年				
７年		4,124斤半	142〆905匁	
正徳元年	上	722斤	25〆270匁	

期間中の朝鮮代物代は、正徳二年（一七一二）から同五年（一七一五）までの四年間の京都相場の平均値で算出し、朝鮮での仕入代や元方役の諸雑費を差し引いた残高の利潤や日本の代物を朝鮮で販売した利潤などを加えたものである。もちろん『東大本』にもこれと同じ文言が、最初に記されている。この二つの史料の内容や形態は全く同じであることから、そのどちらが原本であるのか、必ずしも明確ではない。しかし、『東大本』は、虫食による破損が多くあるのに対して、『対馬本』は破損などはみられない。いずれが原本であるのかの解明は、丹念に史料の考証を必要とするので別稿で試みることにしよう。ここでは『国会本』と『東大本』（または『対馬本』）にみる白糸の取引量と、その代銀について比較する。

　この二つの史料『国会本』と『東大本』（または『対馬本』）から、白糸の取引量とその代銀

表 3-2 『東大本』における白糸の品質・数量・代銀

年代	品質	数量	代銀	100 斤ニ付
貞享元年	上、中、下	30,396 斤	2,568 〆 27 匁	8 〆 448 匁 5 分 7 厘
2 年	上、中	71,135 斤	6,035 〆 235 匁 9 分	
3 年	上、中、下	77,265 斤	6,527 〆 829 匁	
4 年	上々、上、下	129,178 斤	10,913 〆 793 匁 7 分	
元禄元年	上々、上、中、下	102,119 斤	8,627 〆 595 匁 1 分	
2 年	上々、上、中、下	150,678 斤	12,730 〆 136 匁 3 分	
3 年	上、中、下	98,910 斤半	8,356 〆 522 匁 8 分	
4 年	上々、上、中	58,226 斤半	4,919 〆 306 匁 6 分	
5 年	上々、上、中	66,915 斤	5,653 〆 529 匁 5 分	
6 年	上々、上、中	81,514 斤	6,886 〆 767 匁 3 分	
7 年	上々、上、中	141,382 斤	11,944 〆 799 匁 4 分	
8 年	上々、上、中	89,479 斤半	7,559 〆 738 匁 1 分	
9 年	上々、上、中	99,056 斤	8,368 〆 857 匁 7 分	
10 年	上々、上、中	77,051 斤	6,509 〆 707 匁 6 分	
11 年	上々、上、中	47,973 斤 30 匁	4,053 〆 48 匁 3 分	
12 年	上々、上、中	23,264 斤	1,965 〆 473 匁 3 分	
13 年				
14 年	上々、上、中、下	50,467 斤半	4,261 〆 382 匁	
15 年	上々、上、中、下	28,831 斤	2,435 〆 764 匁 9 分	
16 年	上々、上、中、下	29,513 斤半	2,527 〆 269 匁 9 分	
宝永元年	上々、上、中、下	15,945 斤	1,347 〆 124 匁 4 分	
2 年	上々、上、中、下	47,054 斤半	3,975 〆 385 匁 8 分	
3 年	上、中、下	51,325 斤 8 合	4,336 〆 296 匁 1 分	
4 年	上々、上、中、下	21,771 斤半	1,839 〆 380 匁 4 分	
5 年	上、中	19,290 斤半	1,629 〆 771 匁 3 分	
6 年	上、中、下		1,145 〆 583 匁	
7 年	上、中	4,124 斤半	348 〆 461 匁 2 分	
正徳元年	上	722 斤	60 〆 998 匁 6 分	

高をまとめたのが表三―一と表三―二である。

この二つの表から、次のことがいえる。第一に、両者に記された白糸の取引量は、ほぼ一致している。第二は、同様に白糸の品質もほぼ一致している。朝鮮貿易においては、白糸の質は上々、上、中、下と区別されているが、長崎貿易で輸入されている生糸は、白糸以外に、唐船の場合は横糸、まがい糸、ふし糸、くず糸、かせ糸、朴糸などの種類があり[31]、オランダ船の場合はベンガル糸、トンキン糸など産地別に区別されていた[32]。ちなみに、西陣織[33]、博多織[34]には白糸が使用され、また当初の糸割符の対象となる生糸も白糸であった。第三に両史料に記された白糸の代銀高については、かなりの相違点がみられる。この点は、『国会本』と『東大本』(『対馬本』)との性格の違いを示すうえで特徴的な点で、極めて重要なものといえる。

白糸の場合、朝鮮人参と違って一定期間のまとまった数量的な史料は、管見する限りこの二つの史料以外にみることは出来ない。しかもこの『国会本』、『東大本』（『対馬本』）は例えば、江戸藩邸と対馬藩の勘定方といった具合に異なった部署で記された史料と思われる。[35] このような点から『国会本』、『東大本』（『対馬本』）にみられる朝鮮貿易における白糸の取引量は、ほぼ実態に近いものと言えるであろう。

一七世紀初期からの長崎貿易における唐船による生糸、白糸の輸入量について岩生成一氏の論文をもとにしてまとめたのが表三—三である。これによると万治二年（一六五八）から寛文二年（一六六二）までの四ヶ年が白糸の輸入量、生糸の輸入量全体においてもピーク期といえる。それから寛文五年（一六六五）頃までは、それなりに順調に輸入されていることがわかる。いわば生糸（白糸）取引の「長崎の時代」である。しかしながらその後の生糸（白糸）は衰退傾向に

表 3-3　長崎における生糸輸入量

	中国船輸入量	蘭船輸入量	総計
	白糸	生糸類	
寛永 14 年	10,000 斤	191,639 斤	201,639 斤
15 年	?	?	?
16 年	21,100 斤	?	?
17 年	33,130 斤	272,536 斤	305,656 斤
18 年	45,035 斤	?	?
19 年	33,661 斤	48,123 斤	81,784 斤
20 年	18,500 斤	66,618 斤	85,118 斤
正保元年	42,067 斤 5	87,926 斤	129,993 斤 5
2 年	102,900 斤	50,407 斤	153,307 斤
3 年	86,600 斤	69,339 斤	155,939 斤
4 年	?	70,949 斤	?
慶安元年	3,023 斤	52,276 斤	55,299 斤
2 年	25,780 斤	75,544 斤	101,329 斤
3 年	108,120 斤	68,841 斤	176,961 斤
4 年	19,920 斤	72,645 斤	92,565 斤
承慶元年	66,700 斤	38,395 斤	105,096 斤
2 年	88,150 斤	53,038 斤 5	141,185 斤 5
3 年	71,900 斤	35,349 斤	107,249 斤
明暦元年	140,137 斤	?	?
2 年	92,770 斤	46,013 斤	138,783 斤
3 年	61,818 斤	14,685 斤	76,503 斤
万治元年	79,530 斤	?	?
2 年	224,718 斤	33,476 斤 7	258,194 斤 7
3 年	198,780 斤	?	?
寛文元年	198,924 斤	42,718 斤	241,642 斤
2 年	357,990 斤	30,876 斤	388,866 斤
3 年	46,623 斤	?	?
4 年	112,598 斤	?	?
5 年	162,236 斤	135,228 斤 6	297,464 斤 6
11 年	50,000 斤	?	?
延宝 3 年	?	?	?
4 年	?	117,782 斤	117,782 斤
8 年	50,000 斤	–	?
元和元年	?	?	?
2 年	58,407 斤	?	?
3 年	9,749 斤	?	?

（出典）岩生成一「近世日支貿易に関する数量的考察」
（『史学雑誌』第 62 編　第 11 号より作成）

あると言っても大過ないであろう。一方、朝鮮貿易においては史料的制約のため殆ど明らかにされていないが、延宝二年（一六七四）には二四〇丸（＝一二、〇〇〇斤）を銀三六〇貫目で仕入れているのがわかる程度である。[36] この二四〇丸＝一二、〇〇〇斤を表三—一、表三—二と比べると、宝永五年（一七〇八）から同七年（一七一〇）にかけて一九、二〇〇斤から四、一二四斤に減少しているときの数量にちかい。つまり表三—一、表三—二から朝鮮貿易における白糸の輸入数量は、貞享年間（一六八四〜八七）以降を最盛期とするならば、延宝二年（一六七二）の段階における朝鮮貿易の白糸輸入は、まだそこに至らない段階であるといってよかろう。確かに、同年の白糸輸入量のみを見て断定するのは早急すぎるが、この点について次節でさらに検討を加え、貞享年間（一六八四〜八七）以前の白糸取引の実態を明らかにしたい。

次に貞享元年（一六八四）から正徳元年（一七一一）までの、朝鮮貿易と長崎貿易における白糸の取引両についていくつかの事例によって比較してみよう。例えば元禄元年（一六八八）の唐船、オランダ船による生糸輸入量が九九、八六〇斤余りであり、そのうち白糸は四〇、九二〇斤のみである。[37] それに対して朝鮮貿易における白糸は、一〇二、一一九斤にものぼる。この一〇二、一一九斤は、長崎へ輸入された生糸総量九九、八六〇斤を上回っている。また長崎貿易での唐船における生糸輸入量は、元禄一〇年（一六九七）において四五、六七一斤であるのに対して、[38] 朝鮮貿易は七七、〇五一斤である。同じく同一一年（一六九八）は、長崎貿易では一一、六一八斤あり、朝鮮貿易においては四七、九七三斤三〇匁となる。[39] やはり朝鮮貿易からの輸入量が、長崎貿易からの輸入量を大きく上回っている。宝永二年（一七〇五）には、長崎貿易で僅か四一四斤に過ぎないが、[40] 朝鮮貿易では四七、〇五七斤半である。さらに正徳元年（一七一一）には、長崎貿易で四三、二八〇斤まで持ち直しているが、[41] その後はやはり衰退の一途を辿っている。朝鮮貿易でも七一一斤となり、長崎貿易同様にかなりの落ち込みがみられる。この間長崎貿易への輸入量に関する史料不足は免れ得ないが、元禄元年（一六八八）から宝永末年（一七一〇）に至る白糸の輸入は、長崎貿易にかわり朝鮮貿易を中心に展開していたといってよかろう。つまり、白糸取引における「対馬の時代」である。もっとも宝永五年（一七一五）から宝暦五年（一七六三）までの朝鮮貿易と長崎貿易の白糸輸入は、それ以前の白糸輸入と比べて少し状況が変わってきている。そのことを記した史料が、次の文言である。(42)

宝永　五子年ゟ　七寅年迄	六千九百廿丸　内、朝鮮七百七十丸	
正徳　元卯年ゟ　五未年迄	一万千百九十丸　内、朝鮮六百四拾丸	
享保　元申ゟ　廿未年迄	弐万六千七百五〇丸　内、朝鮮六千七百四十丸	
元文　元辰ゟ　五申年迄	弐千六百六十丸　内、朝鮮四百弐拾丸	
寛保　元酉ゟ　三亥年迄	千七百八拾五丸　内、朝鮮両年三十九丸	其後なし
延享　元子ゟ　四卯年迄	二千六百六拾五　朝センなし	
宝暦　元未ゟ　五亥年迄	九百七拾八　長センなし	

この文言から、次の点がわかる。第一に宝永五年（一七〇八）から正徳五年（一七一五）までは、それまでの輸入量と

比べると比較にならないほど減少している。第二に、享保元年（一七一六）から同二〇年（一七三五）には朝鮮貿易からの白糸輸入量も一時の輸入量とまでは行かないでも、少々持ち直している。第三に、その後白糸の輸入量は減少の一途をたどっている。延享年間（一七四四〜四七）、宝暦元年（一七五一）から同五年（一七三五）に至っては、朝鮮からの輸入はゼロを記録している。つまり、これらのことから宝永五年（一七〇八）から宝暦五年（一七三五）までの約三〇年間の朝鮮貿易における白糸の輸入量は、一時的に持ち直すものの、衰退する勢いを留めることが出来なかったことがわかる。まさに「対馬の時代」が終わろうとしている。そのことは対馬藩が、幕府から朝鮮貿易の衰退を理由に貿易資金の援助を受けることが急増している点からも明らかである。[43]このように白糸の動向は、「長崎の時代」から「対馬の時代」へ移り、[44]さらに八代将軍吉宗の国産奨励政策によって生糸は国産生糸の自給自足を可能とする土台が構築され、幕末期になり「国産の時代」を迎えることになる。[45]

次に生糸の代銀について考察することにしよう。表三―一、表三―二からわかる通り、生糸の代銀高は輸入高と違って両史料でそれぞれ全く異なっている。つまり、表三―一の一〇〇斤当たりの代銀高は史料には記載されていないが、筆者の計算によると少ないときで一〇〇斤＝一貫一六一匁、高いときで一〇〇斤＝三貫四六五匁となり、約三倍弱にも値上がりしている。それに対して表三―二の白糸代銀高は、一〇〇斤につき八貫四四八匁五分七厘で、貞享元年（一六八四）のみ、この数値で記載されているが、その後の記載はされていない。表三―一と表三―二の代銀高にかなりの開きがあることがわかる。表三―二は『東大本』（『対馬本』）から作成されているが、この二つの史料の表紙には、前述したように長い文言が付けられていた。これによると「御元方役中出代物之分、正徳弐壬辰年ゟ同五乙未年迄、四ヶ年之間、京都売直段並シを以」とある。事実この『東大本』、『対馬本』の二つの史料には、白糸の数量の次に代銀高が記され、その下に「辰巳午未四ヶ年並シ百斤に付八貫四四八匁五分七厘也」とあり、四ヶ年の平均値の代銀高が明記されている。また前述した表紙の文言には、朝鮮での買元銀などが差し引かれているのである。しかも、この二つの史料の各年代の後に「〆」として「買元銀引之」と文言があり、朝鮮における朝鮮代物の仕入代銀が差し引かれている。これから表三―二の代銀高は、白糸の国内での白糸相場ということになる。それに対して『国会本』の代銀高は、極めて低い。しかも朝鮮貿易業務をつかさどる元方役の利潤が計上されていることなどから『国会本』は、一応倭館（和館）における白糸の仕入代であるとしても間違いではなかろう。

このように朝鮮貿易における白糸の輸入量は、元禄二年（一六八九）から同七年（一六九四）がピークの状況である。朝鮮貿易における白糸輸入量が、長崎貿易に匹敵する輸入量あるいは、それ以上の輸入高を誇った背景には、対馬藩の藩経済の弱さを補強する意味と、日本国内の白糸供給の一端の責務を帯びていたのではないかと考えられる、以上の二点があった。次に対馬藩の一七世紀中葉から一七世紀後半頃までの、白糸の輸入に関する問題点についてみることにしよう。

三　白糸取引の問題点

対馬藩の白糸取引がかなり大規模に行われていたことは、すでに記した通りである。対馬藩の白糸取引の変遷のなかで、朝鮮貿易が開始された当初から白糸取引が継続的に行われていたかどうかは、史料的に必ずしも定かではない。ここでは、その点について一七世紀の四〇年代から八〇年代に至る時期に限定し、その間における白糸取引の問題点をあげることにしよう。

良質な白糸は、当時の日本国内で最も需要の高い輸入品の一つであった。それは、幕府が所謂「鎖国令」を発令した際に、その一面を顕著に窺うことが出来る。つまり、幕府は寛永一六年（一六三九）のポルトガル船来航禁止にともない、白糸の輸入が減少することだけは避けたかった。そのため幕府は、オランダ、中国からの白糸輸入を確保し、対馬藩や薩摩藩に対しても白糸の輸入拡大の要請を旨とする達をだしている[46]。これによって対馬藩は、幕府から朝鮮貿易の拡大のお墨付けを貰ったことになり、何のためらいもなく朝鮮貿易の拡大のための経営努力に邁進することができた。しかしながら、その後の対馬藩による朝鮮貿易の経営内容に対して不明な点が多い。その一例が、朝鮮貿易は厳しい事態に追い込まれていたとするのか、あるいは順調に営まれていたとするのか、今日まで明らかにされていないことである。ただ、寛永一八年（一六四二）に「今度朝鮮御代官方ゟ申越候御商事一円無御座候[47]」とあり、所謂「鎖国」体制の完成した同年に、対馬藩の朝鮮貿易役人である朝鮮御代官より朝鮮との取り引きがなされていないことが報告されているのである。幕府からの白糸輸入の要請があったにも関わらず、朝鮮貿易そのものが不振であった。この時期の朝鮮貿易の一端を垣間見る思いで、対馬藩の苦悩を知ることが出来る。しかも朝鮮貿易で輸入された商品が、白糸、朝鮮人参といった具合いに日本国内の薬種業、織物業にとってすこぶる重要な商品ばかりであったため、国内の供給の問題、また藩経済の問題などからも朝鮮貿易の動向は、極めて重大な問題であった。とりわけ白糸は、長崎貿易における糸割符制と直接的な関係からも避けては通れない問題である。

ここでは、史料の問題などから藩政初期における朝鮮貿易に実態がこれまで殆ど明らかにされていないことから、慶安年間（一六四八～五一）から延宝年間（一六七三～八〇）に時期を絞り、白糸取引の動向における問題について考察する。この時期は、所謂「鎖国」の完成後から朝鮮貿易が最も繁栄する時期へ入る貞享年間（一六八四～八七）との過渡期にあたる。しかも、この時期は対馬藩が己酉条約締結後、はじめて朝鮮貿易の経営に行き詰まった時でもある。この点について、対馬藩が朝鮮貿易に対して、どのように対応していたのか検討を加えることにしよう。まず慶安四年（一六五一）の白糸貿易における対馬藩の対応を記したのが、次の史料である[48]。

一、糸端物之儀も直段御相談之由能様ニ被相済御渡シ尤ニ存候、如仰何とそ取廻し御上洛之筈ニ合候様ニと存候

　　右慶安四年二月六日、佐護式右衛門へ申遣ス

この文言は、糸、端物の値段は相談のうえ決めるがよいであろう、仰せの如く指示したとおり糸、端物を上方へ送ることを旨とすべしという内容である。ちなみに佐護式右衛門は、当時対馬藩の藩財政の立て直しに貢献した一人で、朝鮮貿易にも発言力のある人物であった[49]。この慶安四年（一六五一）から明暦年間（一六五五〜五七）に至る時期は、糸割符制が存亡の危機に瀕していたときにあたる。慶安二年（一六四九）に白糸の直段が上がるなど、白糸取引は困難な状況にあった。明暦年間（一六五五〜五七）になると長崎貿易の生糸の販売に際して、半分は大坂へ運び、残りを翌年にかけて分けて放出するなど幕府自身も苦境に立たされていた。

白糸は、もともと朝鮮国内で生産されておらず、朝鮮も中国から輸入し、それを再び日本へ輸出していたのである。それ故に対馬藩へ輸入される白糸の流通状況については、中国と朝鮮との間の貿易状況を知る必要がある。そのことを示したのが、次の史料である[50]。

(前略)

只今者弥唐之代物然ゝ出不申候、朝鮮ゟ唐江送使往還之次而ならてハ商売物不参候故、年中ニ五、六貫目之代物ゟ上ハ難参由申候、此内之糸包物を朝鮮国内中ニ而も商売仕候由、洪知事など申之由ニ候左様ニ候得ハ、此方へ買イ取候御代物ハ□之儀ニ御座候、又従朝鮮国出候物ニハ人参之外之商買物之候得共、是も近年ハ長崎ニ而然ゝ之義不申候故、朝鮮ニ而代物替ニ仕候而も利分無之由ニ候加様ニ乍申、此度朝鮮表長崎之様子共如何有之儀も難斗事ニ御座候

　　右承応二年六月廿三日江戸、唐端作左衛門、黒木惣左衛門方へ遣

この文言から承応二年（一六五三）の朝鮮、中国、日本の三カ国の状況がわかる。第一に、中国からの代物は朝鮮へ輸

入されていない、第二に朝鮮から中国への往来のついでにしか商売物は入ってこない。そのため一年間で五貫目から六貫以上の代物しか入って来ない。しかも糸包物は、朝鮮国内で売買される。第三に朝鮮から輸入されるもので朝鮮人参以外の商品は、長崎でも手に入るため朝鮮との代物替えは利分がない。つまり承応二年（一六五三）頃の朝鮮と中国間の交流がうまくいっておらず、朝鮮貿易はその影響で非常に行き詰まっている状況にあることが窺える。承応二年（一六五二）は「近年者大明乱国ニ成」[51]と言われ、白糸輸入にもかなり影響したと言われている。しかし、表三―三でわかるように承応年間（一六五二〜五四）の白糸の輸入の減少はみられない。むしろ正保三年（一六四六）から慶安二年（一六四九）にかけて輸入量に落ち込みがみられるのである。このように承応年間（一六五二〜五四）における白糸の輸入実態と明国の社会状況との相関関係は、一概にあるとはいえず疑問が残るところである。また時代が少しさかのぼるが、正保四年（一六四七）には、朝鮮人参、糸端物の値段が下落し、仕入れ値段を割る状況であった。さらに慶安四年（一六五一）には、京、大坂、堺、江戸、長崎、国元の借銀と買掛銀で六、一一七貫余りにのぼった。[52]このように所謂「鎖国」完成後、一〇年間が過ぎて対馬藩の朝鮮貿易は、藩経済に大きな危機を与えたと言っても過言ではない。このような状況は、寛文年間（一六六一〜七二）まで継続していることを示唆しているのが、次の史料である。[53]

寛文五乙巳年八月朔日状控

白糸之義、御国ニ而商売仕候様ニと被仰付置候得共、他方ゟ買手不参候処御銀之手廻し御不自由ニ候ニ付、大勘定方相談ニ而上方江被差登候由御尤ニ存候

この文言によれば、寛文五年（一六六五）八月には白糸を輸入して藩内で商売を行ったものの、対馬（府中＝厳原）まで買いにくるものがおらず、しかも資金もこころもとなくなり始めたため、上方へ生糸を放出していたことを示している。つまり、いくら需要が高く商品価値の高い白糸とはいえ、販売の努力を怠ったために売ることが出来ず、上方まで輸送し

販売することになる。この段階まで、対馬藩は朝鮮貿易をただ行うことに満足し、その経営にはさほどの積極性を見ることが出来ない。しかし、いよいよ藩経済そのものに大きな影響が生じ始め、対馬藩は貿易経営にはじめて積極的になり始めたといえる。さらに、その二年後の寛文七年（一六六七）六月には、次のような文言を見ることが出来る(54)。

当年者、白糸直段能御座候処滝源六存寄御座候付、於上方銀子手回シ仕候ため、其身上方急度罷登、其才覚仕、朝鮮之御代物買取候様ニともくろミ申候（後略）

つまり、寛文七年（一六六七）に白糸の値段が安値であるため急遽上京して、それを買うための資金調達を上方で行うことを記した文言である。この二つの史料は、対馬藩が白糸の販路を広げる努力を行う一方で資金投資をして、その白糸購入を計るという両用の構えで臨んでいることを読み取ることが出来よう。さらに、寛文七年（一六六七）六月には、「於上方銀子五百貫目程借用仕、朝鮮之御商売手広く支度之旨申候(55)」と銀五〇〇貫目にのぼる借銀までして、朝鮮貿易の拡大を計るといった具合に、対馬藩は積極策を取るようになった。その背後には、朝鮮貿易を繁栄させなければならない原因が、対馬藩に生じていたことが考えられる。つまり、この時期に対馬藩は、藩をあげて「寛文改革」を実施することになる。この「寛文改革」は、藩主義真が大浦権太夫政友を登用し、大浦権太夫自身が支配の一手を受け持ち、藩財政の立て直しに代表される藩政の改革を断行したことを指す(56)。これは「権太夫支配(57)」あるいは権太夫による「一手」支配と呼ばれている(58)。その結果、藩政の基礎は固められた。大浦権太夫政友の改革は、途中で彼の失脚によって中断したものの(59)、藩主義真の政権は元禄五年（一六九二）まで継続され、藩政改革も引き続かれた。そのため義真は藩の「中興の祖」と呼ばれている(60)。その義真の時代である延宝四年（一六七六）の白糸取引にまつわる状況を記した史料が、次の文言である(61)。

一、当春弥白糸も下釜可仕之由左様無之候得も、只今迄買掛四千貫目程御座候上ニ、又ヽ当春之代物大積仕候而、四千貫目分ニも可有之由、左様売掛候而も朝鮮商人迷惑仕候故、御銀才覚三、四月中ニ先二、三千貫目ほど差渡

候へ左様無之候而ハ当分之差引□□□□（虫喰）承届候

右延宝四年三月朔日

番柳左衛門方へ申遣ス

つまり、第一に延宝四年（一六七六）の春に白糸が釜山に流入しなければ、白糸の買掛銀が四、〇〇〇貫にのぼる。第二に、多くの代物代が銀四、〇〇〇貫分もある。第三に、このような売り掛けは朝鮮商人に迷惑をかけるため、銀をどうにか工面し、三、四月中に銀二、三〇〇貫を返済すると言った内容である。延宝四年（一六七六）の段階においても、対馬藩の朝鮮貿易とりわけ白糸貿易は、苦しい状況にあったことが窺える。それから約一〇年後の貞享年間（一六八四〜八七）にはいると、前述したように白糸の取引量が急激に増加する事態を迎えるのである。つまりこの一〇年に何が原因で、朝鮮貿易が繁栄していったのかはわからない。国立国会図書館所蔵の『分類紀事大綱』のなかの一つである「御商売一件」でも、延宝四年（一六七六）以降元禄四年（一六九一）まで記述がなく、空白の期間になっている。しかしながら、対馬藩はこのような厳しい状況に置かれていた朝鮮貿易を経営する一方で、藩内では実は朝鮮貿易に対する対策を次々と打ち出していた。第一に、万治元年（一六五八）から始まる大浦権太夫の「寛文改革」が実施され、藩財政の立て直しが行われた。第二に、寛文一二年（一六七二）には、島内の港を厳しく管理するために、各港に番所や浦奉行が置かれたりした[62]。そして延宝二年（一六七四）には、奈須浦に横目の任務内容が出されるなどした[63]。第三に、倭館の移転が延宝六年（一六七八）に完成した[64]。そして最後の仕上げとして、天和二年（一六八二）に対馬藩の商人一〇人を商売掛に任命し、士格を与え朝鮮貿易に従事させた[65]。これが元禄元年（一六八八）に改められ、元方役となった。ちなみに、この一〇人の商人は対馬藩では「六十人格」と呼ばれる由緒ある商人達であった[66]。このように対馬藩は、朝鮮貿易に対して管理体制を整えながら、積極的な姿勢でのぞみ始めており、この姿勢が朝鮮貿易を繁栄に導いたと思われる。そして対馬藩は、朝鮮貿易経営の見返りとして寛文年間（一六六一～七二）に二万石の大名から一〇万石の大名に格上げされたと言われている。しかし、これまで見てきたように朝鮮貿易は寛文年間（一六六一～七二）に至る間、かなり苦しい経営を強いられていた。田中健夫氏が言うように「貿易によって一〇万石相当の利益があったとは到底考えられない。一〇万石の格式をとなえたのは、あくまでも対外的対面—それは国内に対する対面にも関係がある—を重んじたためと考えるべきであろう[67]」とする見解が、朝鮮貿易の実態を正しく捉えた見解であると思われる。このように白糸取引は、困難な時期から繁栄期へ展開して行くものの、その契機になった要因として、日本、朝鮮、中国の三国間の動向のなかで捉えなければならない。しかしこの点における研究は殆どなされておらず、朝鮮貿易の研究のうえから大きな欠落部分をなしている。この点が明らかにされないことには、これまで論じてきた一七世紀の四〇年代から八〇年代に至る白糸取引の実態は、基本的には解決できない。これまでの時点においては、第一段階の白糸取引問題は、多くの難問を抱えてはいるが、対馬藩が朝鮮貿易を独占し、藩経済を発展させるために脱皮する期間であるといえる。

四　おわりに

徳川政権のもとで、所謂「鎖国」体制完成以前の慶長一四年（一六〇九）から己酉約条（慶長条約）により唯一外交関係にあったのが隣国朝鮮であった。この隣国朝鮮と実質的に貿易を行っていたのが対馬藩である。近世日朝貿易は、長崎貿易に匹敵する規模で行われていといっても過言ではない。この日朝貿易は、このような点からも徳川政権の外交・貿易政策においてかなり重要な地位を占めていた。また、対馬藩の藩経済にとっても死活問題であった。とりわけ白糸取引は徳川政権の貿易政策のみならず、国内の織物業の発展のうえからも避けては通れない問題である。特に一七世紀後半の白糸取引における諸問題は、徳川政権の外交・貿易政策や対馬藩の藩経済のうえからも、所謂「鎖国」との関連において検討考察しなければならないであろう。このような問題をもつ白糸取引について本章では、一七世紀の四〇年代から八〇年代に時代を限定して、朝鮮口の対馬藩の対応について考察してきた。

一七世紀後半の日本は、所謂「鎖国」体制が完成する一方で、幕府は紆余曲折しながらも、幕府主導の貿易政策を遂行していた時期である。こうしたなかで本章で論じてきたように、長崎口の白糸取引は一七世紀後期において最も繁栄しており、まさに「長崎の時代」であった。それに対して対馬藩が営む朝鮮貿易は、幕府の白糸輸入拡大の要請にも関わらず、同時期はむしろ苦境に立たされていたことがわかった。その第一の要因は、朝鮮と中国との貿易の状況があげられる。つまり、両国間の貿易は、さほどの繁栄がなかったのである。しかも対馬藩の朝鮮貿易への対応のまずさに大きな問題があったといえる。第二の要因として、対馬藩が朝鮮貿易に消極的に対応していた面も窺えるし、あるいは第三として、対馬藩は朝鮮貿易に対してずさんな経営を行っていた点も見逃すことができない。それにも関わらず、そのような対馬藩の朝鮮貿易経営に対して、大阪、京都の商人達はすでに対馬藩を通じて朝鮮貿易に投資を行っていた。すでに当時の商人たちは、貿易経営に対して先見の明があった一つの証であろう。こうした藩経済の破綻的状況のなかで、対馬藩は「寛文改革」をはじめあらゆる対策を講じ、朝鮮貿易を特権的に「経営」する姿勢が生まれてきたのである。その結果、一七世紀末になりその成果が開花しはじめた。朝鮮貿易において繁栄のピークといわれる時期となり、白糸取引を見る限り「長崎の時代」から「対馬の時代」へ移行していったのである。それは国内においても、幕藩制社会が最も発展したといわれる「元禄の時代」と一致する。その後、白糸の動向は和糸生産が本格化し、「国産の時代」へ突入していくのである。

今後の白糸の研究は、第一に、やはり朝鮮―中国間の外交・貿易のうえから考察する必要性が上げられるであろう。白糸は、中国を起点として唐船、オランダ船を通じて長崎口へ輸入されるルートと、朝鮮から対馬口を通じて輸入されるルートの二つがあった。こうした二つのルートが存在した背景を知るためにも、朝鮮―中国間の白糸取引の実態と問題点を考察しなければならない。第二に、倭館での朝鮮側の商人と日本側の商人との取り引きの実態を明らかにしなければならないであろう。また、どのような商人が、関わっていたのかも明らかにしなければならない。第三として、朝鮮貿易によって輸入される白糸と分国糸との関わりについて明らかにする必要がある。それは何といっても、幕府の貿易政策や国内の白糸供給の面からも、考察されなければならない問題点である。この他にも多くの問題点があるが、以上の四点は特に重要な問題点であろう。

（注）

（１）中村栄孝『日鮮関係史の研究（下）』（吉川弘文館、一九六九年一二月）二四五頁～三〇〇頁、田中健夫『中世対外関係史』（東京大学出版会、一九七五年四月）二三五頁～二七三頁。己酉約条に関する史料として『通航一覧』第三、巻之百二十二、田中健夫、田代和生校訂『朝鮮通交大紀』（名著出版、一九七五年七月）などがある。

（２）田谷博吉『近世銀座の研究』（吉川弘文館、一九六三年三月）二二三頁～二六七頁

（３）拙稿「対馬藩の貿易資金調達について―長崎会所を媒介とした借入を中心に―」（九州経済学会「会報」二八頁～三四頁、同「対馬藩の貿易資金調達について」（西南地域史研究会『西南地域史』第六輯、文献出版社、一九八八年四月）九五頁～一二三頁、同「対馬藩による町人からの貿易資金調達の方法について」（日本文理大学商経学会『商経学会誌』第八巻、第一号）九一頁～一一五頁

（４）森山恒夫「対馬藩」（長崎県史編集委員会『長崎県史（藩政編）』、吉川弘文館、一九七三年一二月）八六九頁～八七六頁、拙稿「前掲論文」

（５）中村栄孝『前掲書』（一九六九年）二四五頁～三〇〇頁

（６）中田易直『近世対外関係史の研究』（吉川弘文館、一九八四年二月）

（７）「長崎初発書」（『泉屋叢考』第拾輯、附録）六頁～七頁

（８）林基「糸割符制の展開―鎖国と商業資本―」（『歴史学研究』第一二六号、一九四七年三月）一頁～二五頁

（９）田代和生、『近世日朝通交貿易史の研究』（創文社、一九八一年二月）、「一七・一八世紀東アジア域内交易における日本銀」（浜下武志、

川勝平太『アジア交易圏と日本工業化　一五〇〇～一九〇〇』（リブロポート社、一九九一年六月）一三〇頁～一五六頁
（10）『前掲書』（一九六九年）
（11）「日鮮関係における記録の時代」（『東洋学報』第五巻　第四号、一九六八年三月）七〇頁～一二四頁
（12）『前掲書』（一九七五年）、『中世海外交流史の研究』（東京大学出版会、一九五九年一〇月）、「対馬藩」（『新編物語藩史』第一二巻、一九八〇年）二五頁～六七頁、「対馬以酊庵の研究―近世対朝鮮外交機関の一考察」（『東洋大学大学院紀要』第二四集）四〇三頁～四三七頁
（13）『近世日朝関係史の研究』（文献出版、一九八六年三月）
（14）『近世日本と東アジア』（東京大学出版会、一九八八年一〇月）
（15）『近世日本の国家形成と成立』（速水融、永積洋子、川勝平太訳、創文社、一九九〇年九月）
（16）「天保期の対馬藩財政と日朝貿易」（東京大学近世史研究会『きんせい』第八号、一九八三年五月）六〇頁～七九頁、「一八世紀後半の幕府・対馬藩関係―近世日朝関係への一視覚」（朝鮮史研究会編『朝鮮史研究会論集』第二三集、一九八六年）一五三頁～一八三頁、「寛政改革期の幕府・対馬藩関係」（田中健夫編『日本前近代の国家と対外関係』、吉川弘文館、一九八七年）六六五頁～七〇二頁
（17）「近世後期対馬藩日朝貿易の展開―安永年間の私貿易を中心として―」（三田史学会『史学』第五六巻　第三号）一〇九頁～一五〇頁
（18）その他に次のような論文がある。宮本又次「対馬藩の商業と生産方」（九州大学『九州文化史研究所紀要』一号、一九五一年三月）一一頁～二七頁、伊東多三郎「対馬藩の研究（一）（二）」（『歴史学研究』第九六・七号、一九四二・三年）、田保橋潔「対州藩財政及び藩債に就いて」（『青丘学叢』第一六号、一九三四年五月）九七頁～一一七頁、森克己「中世末・近世初頭における対馬宗氏の朝鮮貿易」（九州大学『九州文化史研究所紀要』一号、一九五一年三月）、遠矢徹志「江戸時代に於ける対州藩の朝鮮貿易に就いて」（『史苑』第一四号、第二号、一九四二年二月）七三頁～八二頁、平野隆「朝鮮貿易と対馬藩」（『歴史学研究』、一九七〇年四月）九〇頁～一〇〇頁、和田篤憲「対馬藩の朝鮮貿易と厳原港（上、中、下）」（『港湾』一〇巻　一、二、三号、一九五五年三月）、小川国治『江戸幕府輸出海産物の研究』（吉川弘文館、一九七三年二月）一九九頁～二二三頁
（19）森山恒夫「前掲論文」（一九七三年）八〇五頁～一一九五頁
（20）『新版朱印船貿易史の研究』（吉川弘文館、一九八五年一二月）、「近世日支貿易に関する数量的考察」（『史淵』六二輯　第一一号）一頁～四〇頁
（21）『長崎』（至文堂、一九五九年五月）、「分国糸についての一考察」（『史淵』八八輯　第三〇号、一九六三年）

(22)『前掲書』(一九八四年)
(23)『長崎の唐人貿易』(吉川弘文館、一九六四年四月)、『近世日中貿易史の研究』(吉川弘文館、一九六〇年一〇月)、「オランダ東インド会社の対日生糸貿易」(『日本歴史』三〇五号、一九七三年一〇月)六三頁〜八二頁
(24)『近世初期の外交』(創文社、一九九〇年三月)、『唐船輸出入品数量一覧一六三七〜一八三三』(創文社、一九八七年二月)、「糸割符商人の性格」(『史学雑誌』第六六編　第一号)、「オランダ貿易の投銀と借入金」(『日本歴史』三五一号、一九七七年)、「オランダ商館の脇荷貿易について」(『日本歴史』三七九号、一九七九年)
(25)『キリシタン時代の研究』(岩波書店、一九七七年九月)、「教会史料を通してみた糸割符」(『社会経済史学』第三七号　第五号)
(26)『日本貿易史の研究―近世―』(橘書房、一九八〇年一〇月)、「初期御成高の生糸輸入額などに関する規定」(箭内健次郎『鎖国日本と国際交流』上巻、吉川弘文館、一九八八年二月)
(27)「三井越後屋の長崎貿易経営(一)」(『史学雑誌』第七二編　第六号)一頁〜三二頁、その他に「白糸割符に関する新史料について」(『史学雑誌』第六二編　第一二号)三一頁〜四〇頁
(28)『藩貿易史の研究』(ミネルヴァ書房、一九七九年六月)、その他に本章と関係のあるものに「糸割符史料の研究―糸割符利潤の問題を中心に―」(九州大学『九州文化史研究所紀要』第八・九合併号)二三一頁〜二三七頁、「博多織と久留米絣」(『日本産業史大系八（九州編)』東京大学出版会、一九六〇年九月)二五一頁〜二六〇頁がある。
(29)田代和生『前掲書』(一九八一年)二五一頁〜二五五頁
(30)厳原教育委員会、一九八九年三月、三六八頁
(31)山脇梯二郎『前掲書』(一九六四年)二二七頁
(32)山脇梯二郎「前掲論文」(一九七三年)
(33)本庄英治郎『西陣研究』(改造社、一九三〇年五月)一六八頁〜一八六頁
(34)杉原薫『博多織史』(校倉書房、一九六四年一二月)、武野要子「前掲論文」(一九六〇年)二五一頁〜二六〇頁
(35)『国会本』の作成者について次のように記されている。「貿易帳簿の本来の作成者は明白ではないが、退役した旧元方役の者か、あるいは元方役後の私貿易を担当した別代官の者が、藩ないし勘定方の要請を受けて、元方役時代の個々の帳簿から作成したものと考えられる」(田代和生『前掲書』(一九八一年)、二五二頁
(36)『朝鮮江差渡候御免銀差引下積帳』(東京大学史料編纂所所蔵)
(37)中田易直『前掲書』(一九八四年)四二九頁

(38)山脇悌二郎『前掲書』(一九六四年)二二九頁
(39)『同右』
(40)山脇悌二郎「前掲論文」(一九七三年)六七頁
(41)山脇悌二郎『前掲書』(一九六四年)二二九頁
(42)『唐阿蘭陀朝鮮琉球端物方荒物方諸要記』(三井文庫所蔵)
(43)、拙稿「前掲論文」(一九八一年、一九八八年)
(44)山脇悌二郎氏は、出島における「生糸貿易の黄金時代は、貿易制限令が施行された貞享二年(一六八五)までとなしえよう」と指摘されている。(「前掲論文」(一九六四年)六七頁、貞享年間(一六八四~一六八七)を境にして長崎貿易(とりわけ生糸)の盛衰の分かれ目であることが裏付けされる。
(45)和糸の生産は、すでに慶長―元和期(一六〇三~二三)頃より生産が開始され、明暦期(一六五五~五七)頃になり国内にも供給できるようになった。(『西陣研究』一七〇頁~一七三頁)、以後日本における「産業革命」の中心的役割を担うまで発展した。
(46)田代和生『前掲書』(一九八一年)四三三頁~四四七頁
(47)国立国会図書館所蔵『分類紀事大綱　第二十七冊』
(48)『同右』
(49)『対馬人物誌』(村田書店、一九七七年九月再版)一一九頁~一二三頁
(50)『分類紀事大綱　第二十七冊』
(51)『同右』
(52)森山恒夫「前掲論文」(『長崎県史(藩政編)』、一九七三年)八七四頁
(53)「御商売筋并御商売掛」(長崎県立対馬歴史民俗資料館所蔵『宗家文庫史料』)
(54)『同右』
(55)『同右』
(56)森山恒夫「前掲論文」(『長崎県史(藩政編)』、一九七三年)八七七頁~八八四頁、田中健夫「対馬藩」(『新編物語藩史』、一九七七年四月)
(57)『増訂対馬島誌』(名著出版、一九七三年九月)二三七頁
(58)檜垣元吉「対馬藩寛文の改革について―大浦権太夫の失脚―」(『史淵』六二輯、一九五四年)

(59) 森山恒夫「前掲論文」(『長崎県史（藩政編)』、一九七三年) 八八一頁～八八二頁
(60) 田中健夫「前掲論文」(一九八〇年) 三七頁
(61)『分類紀事大綱　第二十七冊』
(62) 森山恒夫「前掲論文」(『長崎県史（藩政編)』、一九七三年) 九三八頁、『通航一覧　第三』(巻之百二十九) 五二一頁
(63)『長崎県史（史料編）第二』六一三頁
(64) 長正統「前掲論文」(一九六八年) 七〇頁～七五頁
(65) 田代和生『前掲書』(一九八一年) 二三三頁
(66) 田代和生『前掲書』(一九八一年) 二二五頁～二五〇頁
(67) 田中健夫『前掲書』(一九七五年) 二五四頁

II　対馬藩の商品流通網

第四章　府中・厳原港の商品集積とその流通について

一　問題の所在

幕藩体制は、商品流通を前提にして成立した社会体制である。その商品流通は、幕藩体制の移り変わりのなかで著しく発展を遂げた。(1)すなわち西廻り航路、東廻り航路の開拓によって全国各地から年貢米をはじめ種々の特産物が、中央市場の大坂・江戸に集中するようになった。(2)特に、大坂は背後に手工業生産地帯の畿内を抱え、各藩に手工業製品を供給できる位置にあった。各藩は、年貢米、特産物を大坂へ輸送し、換金化することによって藩財政を保ち、非自給物資を大坂市場で購入した。

対馬島は、険しい岩山が海岸線からそびえ立ち、島全体が山におおわれ、平野が少ないため米の収穫が乏しく、特産物も少なく、九州本土より朝鮮半島に近く、古くから朝鮮をはじめ東アジア各地との経済交流が盛んに行われていた。(3)また対馬島は、倭寇の根拠地であることでも知られている。(4)江戸時代に入り、徳川政権が鎖国政策を実施していくなかで対馬藩は、朝鮮貿易を営むことが認められた。(5)その結果、朝鮮貿易を基軸にした対馬藩の藩経済が確立し、各地からの生活物資の供給も増大した。このようにして藩経済そのものの再生産が、はじめて可能となった。それゆえに対馬藩の藩経済の考察に際し、朝鮮貿易を媒介とする商品流通の動向に注目する必要がある。

従来、対馬藩の研究は、朝鮮貿易に大きな比重が置かれていたと言っても過言ではない。しかし、朝鮮貿易における取引品の国内流通と、藩経済が必要とする生活物資の流通との関係については、触れられることが少なかった。ただ、宮本又次氏の「対馬藩の商業」が先駆的論文として上げられる程度である。(6) そこで本章では、第一に対馬藩の移入物資の品目・数量及びそれを輸送した廻船の船籍・仕入地について、第二にそれらと朝鮮貿易との関わりについて考察する。それによって対馬藩の藩経済確立の論拠を明らかにしたい。

ここで依拠する史料は、長崎県立対馬歴史民俗資料館の『宗家文庫史料』のなかの「毎日記」である。この日記類には大きく「表書札方」と「奥書札方」の二種類と各役所ごとに作成される「毎日記」がある。「表書札方」は、藩政のなかで最も中心的な藩日記であり、「奥書札方」は藩主に関する記事を中心に、藩政の重要な事項を記したものである。(7) とりわけここでは「表書札方毎日記」を用いることにする。それは正保三年（一六四六）から慶応三年（一八六七）までのほぼ藩政時代を通じて保管されているためである。この点からも「毎日記」は、対馬藩を知る最も重要な藩政史料の一つといえる。

ところで本章で対象とする時代は、貞享元年（一六八四）に限定した。その理由は、朝鮮貿易における私貿易の輸出の品目、数量、代金、利潤を記載した「御商売御利潤并御銀鉄物渡并御代物朝鮮ゟ出高積立之覚書」(8) が貞享元年（一六八四）から記述がなされているからである。つまり、対馬藩の藩経済の基軸である朝鮮貿易の経営状況を把握しておくことが、藩経済や商業活動を考えるうえで必要と思われるからである。

なお、特別に説明しない限り使用した史料は、「表書札方毎日記」である。また便宜上、天和四年（一六八四）一月から四月までを考察の範囲に含めた。

二　府中・厳原港への入港艘数と船籍

幕藩体制のもとでの商品流通が著しく発達した要因の一つに、海運業の発展が上げられる。(9) 特に河村瑞賢が寛文一〇年（一六七〇）に東廻り航路を、同十二年（一六七二）に西廻り航路を開発したことによって、東北・北陸の各地から年貢米をはじめ、種々雑多な物資が大坂や江戸の中央市場へ移出されるようになった。(10) 九州航路も西廻り航路と接続し、九州各地の物資もまた大坂などへ集荷された。

商品流通や海運は、また鎖国体制における貿易の繁栄とも深い繋がりをもちながら発達した。特に対馬藩は、幕府公認のもとで朝鮮貿易の経営を独占することが許された。朝鮮貿易の主要輸出品の一つである銀は、朝鮮貿易のみにしか使用されない純度の高い「人参代往古銀（特鋳銀）」として特別に認められていた。(11) もう一つの重要な輸出品である銅は、幕府の輸出制限にもかかわらず多量に輸出された。(12) 輸入品としては、生糸・朝鮮人参などが上げられる。生糸は年代によって長崎貿易からの輸入量を上回ることさえもあった。(13) 朝鮮人参は、貴重な医薬品であるため幕府からその価格統制などを受けながら、全国へ販売されていった。(14) これらの貿易品は、国内経済に影響を与えながら日朝間で売買され、その収益によって対馬藩の財政は潤った。(15) これを裏付けることが本章の目的でもある。対馬藩は、藩士の禄米の支給にかえ、その禄米に応じて朝鮮への渡航回数を決め、渡航を許可する制度をとっていた。(16) 島民の生活を維持するうえからも対馬藩は、朝鮮貿易やその取引品の調達・販売、それに生活物資の移入を活発にする必要があった。

こうした経済事情を背景として対馬藩の表玄関、府中・厳原港(17)には、各地の廻船が貿易品や生活物資を多量にもたらした。表四―一は、貞享元年（一六八四）に府中・厳原港へ入港した廻船船数と船籍を月別にまとめたものである。これによれば一年間に九〇三艘、月平均にして約七五艘の廻船が、府中・厳原港へ入港している。一日に入港した船数のうち、最も多い船数は五二艘にものぼった。月別の入港船数で多い月は、二六〇艘の八月と一二五艘の二月で、半年ごとに多数の廻船が入港していた。

表 4-1　（貞享元年）月別・船籍別・入港数

船籍＼月	1	2	3	4	5	6	7	8	9	10	11	12	計
御国	13	14	7	11	25	12	7	22	7	6	13	4	141
壱州	1	21		3	3	5	2	10	9	3			57
風本（勝本）	1	8	3	2	5		3	10		8	5	5	50
芦辺		4											4
肥前		1	1		2	1		1					6
唐津	1	8	5					7	5	1		1	28
呼子							2	31	2			1	36
呼子湊浦								1					1
伊万里								2	1				3
名護屋								28					28
長崎		1					1	1				1	4
平戸		4						1					5
平戸日野								1					1
大村	2	2	2										6
嶋原									1				1
筑前	17	47	17	18	20	11	19	27	17	15	8	15	231
鐘崎										4			4
地嶋									1				1
小倉	1	4		2	5	2		4					18
筑後						1							1
豊前				3	1	1							5
豊後		1	1	1	1			9		2			15
長門	1	1			1	1	2	8	1	6			21
長門竹崎				1									1
長門伊崎				1		2							3
長州安岡								2		6			8
周防	1			1				3					5
成尾	1							11					12
備前			1			1		1		1			4
播州	5	2		1	8	3		16	6	5	9	8	63
讃州		4				1		7	1	1	1	1	16
塩泡	2	1	1	1				5		3	3	2	18
直嶋										5		2	7
大坂	1	1		1		1	1		2			3	10
泉州	3	1				1		11					16
泉州貝塚	1		1										2
佐野			1				2	41	13	1	5	3	66
紀州					1					1			2
瀬戸			1										1
脇瀬戸			1										1
脇坂									1				1
合計	51	125	42	46	72	43	39	260	67	68	44	46	903

次に表四―一から府中・厳原港へ入港した廻船の船籍を地域別にみると、九州各地の廻船が六四六艘で全入港船数の約七一・五％にものぼる。その他を瀬戸内地区とすると、その廻船は二四七艘、約二八・五％である。ただ、九州地区の廻船の船籍は、筑後から豊後に至る北部九州に集中しており、薩摩など南部九州各地の船籍をもつ廻船の入港は皆無であった。一方、瀬戸内地区においても安芸・備後・備中・備前に至る地域と伊予の船籍をもつ廻船の入港は見あたらない。この地域別の船籍をさらに具体的に各廻船を船籍別にみると、「筑前船」が二三一艘で全体の約二五・六％を占め第一位である。第二は、「御国船」（対馬藩籍）の一四一艘、約一五・六％になる。この両船で全体の約四一・二％を占める。このほかに入港船数の多い廻船の船籍として、「佐野船」（六六艘、約七・三％）、「播州船」（六三艘、約七％）、「壱州船」（五〇艘、約五・五％）、風本船（五〇艘、約五・五％）があげられる。

右のように府中・厳原港へ入港した廻船の船籍と移入物資の仕入地との関係を示したのが、表四―二である。これには入港数の多い船籍の廻船から、「御国船」、「筑前船」、「壱州船」、「風本船」、「播州船」、「佐野船」を取り上げた。まず「御国船」は、表四―二から大坂と筑前で主に物資の仕入を行っていることがわかる。しかしながら府中・厳原港へ入港する「大坂船」、「筑前船」の船数は、「大坂船」がわずか一〇艘にしか過ぎなかったのに対し、「筑前船」は二三一艘である。この入港廻船の船籍地と物資仕入地との関係を、「御国船」の場合から明らかにしていこう。つまり対馬藩は、自国の廻船を用いたとき、入港船数に関係なく筑前は言うに及ばず、大坂からも物資の仕入れを行っていた。対馬藩は中央市場である大坂をぬきにしては、貴重な物資の仕入れが出来なかったわけである。次の「筑前船」、「壱州船」、「風本船」各船の物資仕入地と船籍とは必ずしも一致しているとはいえないにしても、ほぼ船籍地と仕入地は一致していたものと思われる。「筑前船」は、府中・厳原港へ入港する船数が多いことから、多くの様々な物資を多量輸送している。このことは次節で詳しく記すことにする。「壱州船」と「風本船」は、平戸領壱岐島の廻船である。「壱州船」と「風本船」との関係は、明らか

表 4-2 （貞享元年）船籍とその物資仕入先・帆別

船籍	仕入先＼帆別	2	3	4	5	6	7	8	9	10	11	12	13	14	15	16	計
御国船	大坂					2	11	5		11	2	3	2				36
	下関		2	2	2	2	1	2									11
	鞆					1											1
	壱州					1						1					2
	肥前		1		1	1											3
	唐津	1	2														3
	伊万里		2														2
	長崎		2			1	1	1			1						6
	大村												2				2
	筑前	2	9		3	3	5	5		6			2				35
	芦屋							1									1
	小倉		1														1
	成尾		1														1
	小国									1		1					2
筑前船	大坂				1		1	1									3
	播州				1												1
	塩飽		1		1												2
	広島							1									1
	筑前		25	14	36	6	14	6	7	3	4	1					116
	肥前						1										1
	壱州		7	2	1				1								11
	長崎		1														1
	下関					1											1
	室		5	4	5	2	2	6		1	1	1					27
播州船	播州				2		1			2	3	11	4				23
	下関							1				1					2
	筑前										1	1					2
	肥前															1	1
	室			1	3	1	2					5	1				13
佐野船	泉州		1														1
	佐野	23	3	2	2	1		2	1	1	1				1		37
	塩飽								1								1
	筑前							1			1	1					3
	五嶋	1				1											2
	豊後		1														1
	室	5				1			2				1				9
壱州船	壱州		7	5	1					1			2				16
	風本（勝本）		2	4													6
	筑前			1													1
	長崎			1		1											2
	大坂					1				1							2
	室		15	1	2	1	1					4					24
風本（勝本）船	壱州			1													1
	風本（勝本）		17	2	2	1				1							23
	筑前			2		1	1										4
	長崎			2													2
	伊万里		1														1
	肥前			2													2
	下関				1												1
	大坂			1													1

ではない。風本とは勝本のことであり[18]、ここには対馬藩の勝本屋敷が置かれていた。この勝本屋敷には、大小姓一人、上下五人、附人二人、人夫二人が勤めており[19]、その役目は、対馬島と上方・博多の中継点として設置されたことになっている[20]。しかし、「壱州船」、「風本船」は対馬との往来が盛んであったことから、勝本屋敷は交通の要地としてのみではなく、商業上も欠くことができなかった。次に九州以外の廻船で多く府中・厳原港へ入港したのは、「播州船」と「佐野船」であった。「播州船」は、具体的に何藩の船かは不明であるが、塩・米などを積んでいた。播州の一藩である赤穂の商品流通について、「米穀を越後・出羽・江戸に商ひ、塩魚ハ五嶋・平戸・長崎・薩摩に売買」している状況が、延享四年（一七四七）に刊行された『播州赤穂郡志』に記されている。これから赤穂の商品流通の範囲が西国にまで及んでいたことがわかる。「播州船」の積荷の一つに塩があるが、塩は播州の代表的な特産物である。製塩技術は、揚浜式から入浜式に代わり、それは一七世紀中葉に完成された。これによって塩の販売権の拡大も可能となった。それにともなう形で播州の海運も発達し、一七世紀後半の繁栄期をむかえることになる[21]。貞享元年（一六八四）における播州船の対馬進出は、播州海運の繁栄と塩販売の拡大の一つの証であろう。「佐野船」は、泉州佐野の廻船であったが、詳しくは次節で説明する。その他に注目すべき廻船として、塩飽船をあげることができる。西廻り航路で幕府御用船として活躍したのが、塩飽船である。この塩飽船は、卓越した航海技術を有し大型廻船を所有し、ときの政治権力と結びつくことによって、御城米船として幕府専用の官船に指定された。この廻船が活躍した時期は、寛文期から元禄期にかけてである[22]。この間、西廻り航路を縦横無尽に往来していた塩飽船は、幕府権力を後楯に対馬藩まで足を延ばしていたものと思われる。以上のことから、各地の廻船は、いわば「対馬流通圏」とも呼ばれる北部九州から瀬戸内海に至る限られた商業圏のなかで、とりわけ朝鮮貿易品の入手の期待をもちながら府中・厳原港へ向かって入港したのであろう。

府中・厳原港へ入港した廻船の大きさを船籍ごとにまとめたのが、表四―三である。この表によれば、二端帆から一六

表 4-3 （貞享元年）船籍別・帆別・入港船数

帆別 / 船籍	2	3	4	5	6	7	8	9	10	11	12	13	14	15	16	計
御国	2	26	4	10	11	24	20		23	3	10	7		1		141
壱州		27	15	5	4	1			2			3				57
風本（勝本）		26	15	3	4	1			1							50
芦辺		4														4
肥前			2	1				1	2							6
唐津		18	1	2	1	1	1		1			2		1		28
呼子		34	1	1												36
呼子湊浦		1														1
伊万里			3													3
名護屋		28														28
長崎		1	1	1		1										4
平戸		4			1											5
平戸日野		1														1
大村		6														6
嶋原				1												1
筑前		63	26	62	12	26	15	11	7	5	3	1				231
鐘崎		4														4
地嶋									1							1
小倉			2			6	1	5	4							18
筑後										1						1
豊前					1		2	2								5
豊後			2	1	2	1		1		3	2	3				15
小計	2	243	72	87	36	61	39	20	41	12	15	16		2		646
長門		20	1													21
長門竹崎		1														1
長門伊崎		3														3
長州安岡		8														8
周防			1		1				1		2					5
成尾	10	2														12
備前					2	1						1				4
播州		1	1	5	1	3	7	1	2	4	25	9	3		1	63
讃州		1	1		5		3		6							16
塩飽		3	1					1	1				8	3	1	18
直嶋											4	1	2			7
大坂						2					5	2		1		10
泉州	1	5	2	1	1	3				1	1			1		16
泉州貝塚		1	1													2
佐野	32	7	3	2	5		3	5	1	1	2	3	1	1		66
紀州				1		1										2
瀬戸				1												1
脇瀬戸		1														1
脇浜												1				1
小計	43	53	11	10	15	10	13	7	11	6	39	17	14	6	2	257
合計	45	296	83	97	51	71	52	27	52	18	54	33	14	8	2	903

表 4-4　府中・厳原港出港

月	出航艘数
1月	43
2月	48
3月	48
4月	190
5月	50
6月	57
7月	70
8月	35
9月	117
10月	107
11月	42
12月	110
合計	917

端帆までの廻船が、荷物を積み府中・厳原港へ入港していた。二端帆とは三〇石積程で、一六端帆が五〇〇石積ぐらいの廻船である。このうち最も多く利用された廻船の大きさは、三端帆船の二九六艘で全体の約三二・八％を占めている。地域別に廻船の大きさをみると、瀬戸内地域の廻船の方が九州地域の廻船と比べて、やや大きな廻船を用いていた。ただ、西廻り航路・東回り航路の廻船と比べると、小さな廻船であった。

次に出港廻船の船数は、表四―四の通りである。「毎日記」には、船籍・帆の大きさ・船数しか記載がないため、積載物の有無など詳しいことは明らかにできない。表四―四によれば、年間出港数は九一七艘になり、入港船数の九〇三艘を上回っている。最も多く出港していた月は、四月で一九〇艘である。これは二月に入港船数が一二五艘あり、その分と三月・四月入港した廻船が一挙に出港したものと思われる。出港数が最も少ないのは八月の三五艘、それは七月の入港船数が最も少ない三九艘であることからも、前月の入港船数との関係があったものといえよう。こうした出港数と入港数の因果関係は、対馬藩が旅船の逗留日数を六〇日以内に定めていることや、[23]朝鮮から帰国する貿易船との関係があった。

貞享元年（一六八四）の府中・厳原港の出入港船数は、この他に朝鮮への貿易のため往来している貿易船や鯨船[24]の出入港船数を加えるとかなりの数になるものと思われ、府中・厳原港の繁栄ぶりを窺い知ることができる。

これまで対馬藩の物資仕入地、物資輸送廻船の船籍・移入品目などについて明らかにしてきた。色々な船籍をもつ廻船は、府中・厳原港に入港した物資を積下ろしていたが、その廻船に運上が賦課された。それは一艘につき銀四匁である。[25]

右之通何品によらず、府中湊役番所に引附相改、運上取立候に付、浦々より諸運上小物成之類は無御座候、尤府中に而、右之品々取立高金にして凡六、七〇〇百両可有之積に御座候[26]

右の文言は、湊役番所で運上が取り立てられ、それが金六、七〇〇両にものぼることを示している。対馬藩は、府中・厳原港の出入港の廻船から莫大な額の運上収益があがっていたことになる。府中・厳原港以外の港へ廻り、物資の積み下ろしを行うときは、帆一端につき銀三匁の帆前がかかった。[27]「毎日記」のなかに「田舎へ乗候而今日廻着仕候、積物無之」といった文言がみえ、村々へ廻って全ての物資を販売し、府中・厳原港へ入港したことを示している。対馬藩は府中・厳原港にのみ物資の集中を行うのではなく、村々にも必要物資の供給を図っていたのである。

次節で詳しく述べるように、自給物資の少ない対馬藩にも移出できる物資があり、それを輸送する廻船には、運上が賦課されていた。そのことを示すのが次の史料である。[28]

播州辺之船、肥前田代之年貢米を積来、帰船之節、村々に而薪積帰候、一五端帆一艘に薪積高運上銀二・三百目充、府中に而取立候由御座候

第一に肥前の飛地田代の年貢を播州船が輸送していた。第二はその帰航のとき薪を搭載した。第三には、一五端帆船に積荷された薪積高に対して、運上が二・三〇〇目賦課された。対馬藩は、村々で物資の荷上げ、荷下ろしを行っても必ず厳原でその運上を取り立てている。

以上のように、対馬藩が藩経済の再生産を行うためには、非自給物資を各地の廻船で移入しなければならなかった。そのために財源を藩内に求めることが不可能であった対馬藩は、朝鮮貿易による収益に頼らざるを得なかった。一方、多く

の廻船が府中・厳原港に入港していたことは、朝鮮貿易において収益を上げ、種々雑多な物資を購入できるだけの藩財政の潤いがあった証であろう。それゆえに「対馬流通圏」と呼びうる商業圏を形成することができたと考えられる。

三　移入物資について

対馬藩には多くの廻船が、種々雑多な物資を積み廻漕して来た。その積荷には、「積物」と「御物」の二種類がある。まず「積物」について検討することにする。その積物の品目と数量を月別ごとにまとめたものが、表四―五である。[29] この表から積物として移入された物資の総数は、七八品目にものぼり、その数量は定かではない。七八品目の内訳は、米をはじめとする穀類、海産物、鉱物、嗜好品など生活必需品が中心である。つまり、積物とは、生活必需品を主とした積荷であるといえよう。御物は、後述するように貿易品を主として藩の貴重品である。この積物のうち米、塩、紙は毎月、筵は一一ヶ月、醤油は一〇ヶ月、酢・畳・瓦・鰯が九ヶ月、麦、小麦、多葉粉は八ヶ月移入されている。その他、小豆・藁・灰・茶・鰹・焼物・はん木・久年母・素麺・鯖・畳表などは、約二ヶ月に一度の割合で移入があった。残りの物資は、年に数回程度移入されるに過ぎない。これらの物資は、食料物資が主に占められ、対馬藩の貧困な生産の実態を浮き彫りにしている。

このような積物にみられる移入品目の特徴は、第一に多量の米が移入されていること、第二に海に囲まれている対馬藩に魚類の移入がなされていること、第三に長崎貿易から輸入される貿易品でもあり、薩摩藩の貴重な専売品でもある黒砂糖の移入がなされていること、第四が朝鮮貿易の輸出品と思われる品目も一緒に移入されていることの以上四点である。まず米の移入について考えることにしよう。表四―五から貞享元年（一六八四）の対馬藩における米の総移入高は、三二、四五二俵、石高に換算すると一〇、七〇九石一斗六升、対馬藩の石高の約半分強にものぼる。尚、延宝九年（一六八一）

表 4-5 ①　（貞享元年）移入品目とその数量①

品目	1	2	3	4	5	6	7	8	9	10	11	12	合計	備考
米（俵）	1,986	3,143	944	670	2,865	712	619	2,218	4,293	6,070	2,867	6,065	32,452	
餅米（俵）					30		5	25				250	310	
籾糠（俵）												90	90	
ぬか（俵）										185	50		235	
麦（俵）		125			118	340	360	533	125	58	10		1,669	
小麦（俵）		50		10		59	10	2	11	10		7	159	
大豆（俵）							2					15	17	
小豆（俵）	25	30			91	10	10	29		10			205	
角豆（俵）								17					17	
素麺（櫃）				32	35		＊25 9	10					86	＊25桶
塩（俵）	2,595	1,586	210	650	3,490	2,150	2,010	16,191	3,390	200	550	1,780	34,802	
醤油（樽）	120	217		130	241	9	120	232	＊60 198	＊100		67	1,334	＊160丁
酢（樽）		45	＊3 5	20	137	70	178	＊14 85		＊62 2		59	599	＊111丁
七嶋（俵）（枚）			20		200			8		＊5	＊6		308	＊11束
筵（枚）	950	820	＊20 1,500	350	1,600	1,130	＊10 500	2,280		350	＊4 100	1,560	11,140	＊34束
藁（枚）	200		430		5			520	200		90	190	1,215	
小縄（束）									66				66	
畳（帖）	50		90	30	112	240		60	110		40	20	752	
畳表（枚）		50		45	30		50						175	
炭（俵）				300									300	
油（樽）						18	13					4	35	
種油（樽）												7	7	
油空樽（樽）		6,490	640	＊200									7,130	＊200挺
油樽（丁）			40										40	
木綿（丸）					1,005								1,005	
茶		45本		8俵		13俵		8本		12俵		6本 41本	33俵 94本 6丸	
紙（丸）	41	23	17	18	62	27	23	20	8	15	5	53	312	
わた（丸）										5			5	
くり綿						4本				20丸				
はん木（挺）		230		220			650	1,540	80				2,720	
大竹（本）								950					950	
小竹（束）							70	72					142	
竹（本）				800	200							30	1,030	
灰（俵）	2,150	1,460	25	45	100				430		300		4,510	
苧		5	＊3 2					8					18	＊32把
苫（枚）	400												400	
瓦（枚）	7,700	2,800	1,800	4,300	7,035	2,830		8,350	10,150	3,500			48,465	
こんにゃく玉（俵）								5	4				9	

表 4-5 ②　（貞享元年）移入品目とその数量②

品目	1	2	3	4	5	6	7	8	9	10	11	12	合計	備考
水瓜						100	2,950	610					3,660	
瓜						1,000	1,500							
菰（束）					30									
九年母								5	1,000	＊1,300 36	36	30	1,107	＊1,300 箇
蜜柑										＊13,500 55	79	107	241	＊13,500 箇
梨子								500					500	
砂糖（樽）		＊5				＊5 21		5					26	＊5丸＊5桶
黒砂糖（桶）							1 ＊9			1	10		12	＊9樽
鍋		320											320	
鉄鍋（箇）									20				20	
釜		90											90	
大水かめ							10						10	
銀（貫）									100				100	
銅（貫）							100,000						100,000	
銭（貫）							250						250	
鉄（丸）							28	8	3				39	
鰹（連）				710	130		100	320	15			2	1,277	
鮨（俵）							15							
鰯（俵）	190	20	296	20	50		390	1,960	260	100			3,286	
鯖（俵）			1,000	350	1,538		50	2,270					5,208	
くらげ（盃）					△2,000 500		△300 ＊25 1,950	500					2,950	△2,300 ＊25俵
いっさき（俵）							60						60	
塩鰺（俵）								10					10	
塩鰯（俵）								25					25	
塩鯖（俵）							150						150	
干鯛（枚）						40							40	
干鯖（枚）						10							10	
昆布（丸）												5	5	
焼物（俵）			102		166	118	37		45	50			518	
多葉粉（丸）		5		1	18	7		8	12		＊20	21	92	＊20櫃
刻多葉粉（櫃）								26					26	
狸皮（枚）						2,670							2,670	
狐皮（枚）						3,170							3,170	
狸狐皮（丸）			5										5	
牛房（駄）											5	23	28	
かまき	3,740	500											4,240	
あえ玉（俵）		5											5	
戸障子	50												50	
栗（俵）											10		10	
蓬（枚）			480										480	

表 4-6　筑前船の仕入地・品目と数量

仕入地	端帆	艘数	米	塩	麦	小麦	醤油	酢	紙	油	瓜	水瓜	素麺	茶	小豆	大豆	木綿	蓙	七嶋	ｵﾝ木	九年母	密柑	こんにゃく玉	鯖	いわし	鰹
筑前	3	1	60					12	10								1,002									
	7	1	70					20																		
	3	2	240	80	16																					
	5	1																								
	5	1	60		100			50		2	1,000	100														
	3	1				35																				
	5	1	110					50		5		250	10													
	5	1	100				10			10			10							150						
	7	1	150				60	18		4		350		8						150						
	6	1																								
	4	1					30	70												100				50		
	3	1																							140	100
	7	1	250				27																			
	4	1	130			1																	4			
	4	1																								
	9	1	450						2					12							5					
	5	1	150																		1	2				
	4	2							5									4	6			8				
	6	1	250																							
	12	1		150					5				6													50
	11	1																								
長崎	3	1			50	10									10											
不明	5	2	28			30	7	15								2										
不明	3	1																							60	
		27	2,048	230	201	41	134	235	32	11	1,000	700	26	20	10	2	1,002	4	6	400	6	10	4	50	200	150

には、二万五・六、〇〇〇俵もの移入があったといわれている。その他にも朝鮮貿易で公貿易において米を移入していた。(30) いずれにしても対馬藩は、自藩の米不足を補うために国内外から多量の米を輸入していたことになる。対馬藩において米は、他藩よりも頗る大きな意味があった。対馬藩は、藩士の知行として「石銀」と言われる代銀で支給していた。それが貞享以後には、「石米」と呼ばれる米で支給されるようになった。(31) このように対馬藩は、商品流通の中心に米などの生活物資の移入に重点を置いた。それは対馬藩の藩経済が再生産するにあたって、欠くことのできないものであった。めぼしい産業がない対馬藩にとって、物資の移入は朝鮮貿易の繁栄によって初めて可能となった。つまり、対馬藩の藩経済は、朝鮮貿易を基軸に成立していたからである。これは対馬藩の大きな特徴である。

次に米の供給地について言及することにする。

「毎日記」の記載方法に不正確なところが多く、仕入地、物資品目、船籍の関係がわかるところが少ない。そのなかから可能な限り整理した結果、米の供給地として筑前が浮かび上がってきた。そこで筑前が対馬藩に供給した物資とその数量をまとめた。それが表四―六である。この表によると、筑前は二八品目を対馬藩へ供給しており、それは対馬藩に供給された物資の約四一・二%にあたる。その品目のうち米の供給量が俄然多く二、〇四八俵、対馬藩の全米移入高の約三二・八%を占める。しかも、史料の記載方法が不明確なため、実質はもっと高い割合の供給率と思われる。ここに対馬藩は、自藩への物資（特に米）の供給地として筑前を位置づけることができる。

元来、対馬と筑前とは深い関係にあった[32]。中世の博多は、対馬を媒介とした朝鮮貿易の基地として大いに繁栄していた[33]。また、秀吉の朝鮮侵略に際しては、兵站基地としての役割を果たした。

江戸時代になっても、対馬と筑前の関係は、質的変化を遂げながらも存続していったのである。それは対馬藩が、筑前に博多屋敷をもっていたことからも窺える[34]。しかも「多年に而手廻兼候節者、田代詰より相加はり相勤候由申立候[35]」と、博多の対州屋敷の繁栄ぶりを示している。対馬藩は、他領にのみ米の供給を依存していたわけではなかった。例えば、前節で用いた史料にも「播州辺之船、肥前田代之年貢米を積来」とされたように、対馬藩の肥前の飛地田代の年貢米は、対馬へ廻漕されていた。その田代米について次の史料を掲げることにしよう。

一　筑前博多釜屋居町、船頭三郎兵衛九端帆宗対馬守様米積、当月五日筑後川出船仕（以下略）

つまり、宗対馬守様の米＝田代年貢米を積み、博多釜屋町に住む船頭三郎兵衛が九端帆船で筑後川から対馬へ出船したのである。その他、田代産の雑穀・鑞・素麺なども筑後川から積出していた。ただ、この鑞・素麺の輸出先は上方であった[36]。もともと、これらの飛地田代の物資は、博多から積出されていたものである。それが貞享元年（一六八四）には、博多に代わって筑後川を下り、その河口にある大川から積み出されることになった[37]。それに伴い博多の対州屋敷の重要性も減少したと言われている。しかし、博多の対州屋敷は、その役割について検討を行う必要があると思われる。

次に、移入物資の第二の特徴である鰯などの魚類の移入について考えてみよう。対馬藩は、海に囲まれ漁が豊富な島である。しかし、それにもかかわらず島民は、海藻をとる程度で漁業を専業とするものが少なかった。[38] 対馬藩の漁業は、海士による魚介類採取権をもつ潜水業と鰯網業が著名である。海士は府中の曲に根拠地を置いていた。もともとこの曲の海士は、筑前鐘崎の出身で宗氏に従って入島し、漁業権を得て定住したと言われている。[39] しかし、この漁獲量もあまり多くを望めなかったと思われる。一方、鰯網業に従事していたのは、朝鮮侵略のときの功績により、運上銀三百枚を支払い、対馬藩の五六浦で漁業権が認められた泉州佐野の漁民たちであった。[40] 彼らは、定住することを許されなかった。[41] この佐野の漁民たちが漁獲した鰯は、加工され干鰯にされた。干鰯は府中の問屋佐野屋に一旦集められ、大坂へ出荷された。[42] しかし、干鰯の原料となる鰯は、佐野網による収穫だけではなく、藩外からも移入されていた。こうした対馬藩の漁業も、享保年間には他国船の入漁が禁止され、[43] 新たな段階に入ることになった。

第三には、砂糖類が移入されている点に触れることにしよう。砂糖類は、長崎貿易の重要な輸入品の一つに数えられている。[44] また、薩摩藩の専売品や琉球貿易品としても名を博していた。砂糖は、白砂糖・黒砂糖・氷砂糖に分けられるが、そのうち白砂糖・黒砂糖が、対馬藩へ移入された。そのなかの黒砂糖は、直接長崎から購入する場合と、間接に筑前から購入する場合とがあった。それに対して白砂糖は、大坂で仕入られていた。一方、薩摩藩は、慶長・元和頃には砂糖を産出していたが、[45] 琉球に対して正保四年（一六四七）以後、同藩への債務として年貢米に代わって砂糖で納めさせた。[46] こうしたなか、とりわけ黒砂糖は、正徳三年（一七一三）から大坂市場へ移出され、その大半は琉球産のものであった。[47] 琉球においては、元和九年（一六二三）に製糖が開始され、正保四年（一六四七）以降に利を得るようになった。[48] それに対して白砂糖は、薩摩藩においては明和四年（一七六七）から製造が始められた。[49] 白砂糖は、むしろ薩摩藩より讃岐などの方が先進地として早くから産出されていた[50]。以上のことから、当時の貿易品の流通経路や販売の方法の一端を窺い知ることができる。

この他に、めぼしい仕入物資として塩・久年母・蜜柑などが上げられる。最初に、塩についてみていくことにする。製塩地としては、瀬戸内海沿岸が有名であるが、その地域で製塩された塩は十州塩と呼ばれていた。この十州塩が、九州地方に流入することは少なかった[51]。その理由として、九州は地元製塩が比較的に豊富であったからだとされている。確かに、対州藩への塩供給地は筑前・唐津・壱州・伊万里などが挙げられる。この他に、播州・下関・佐野などからも仕入れており、塩の供給地は特定できず、あらゆる所から仕入れていたのである。第二に久年母。蜜柑については、延宝二年（一六七七）正月に次の「条々」が出されている[52]。

一　郷中蜜柑・久年母すくなく候間、給人・寺庵八十五本宛、百姓ハ拾本宛、其上ハ心次第植置可申候、（以下略）

つまり、藩内に蜜柑、久年母が少ないため、商工を除く各層に応じて、それらを植えさせている。さらに、右の史料より前の寛文一一年（一六七一）に次の「覚」が出されている[53]。

一　村々密柑之木運上之事、

右者、少之事ニ候故、先免被置候間、自今以後ハ、八郡共ニ、ケ様之成物仕立候様ニ、見合ニ被申付可然候事、

この文言は、蜜柑之木が少ないために運上を免じる旨のことを示している。この二つの史料から対馬藩は、果実類の増加策と保護策をとっていることを窺うことができる。しかし一方では、表四―五からわかるようにそれらの移入をも行っているのである。しかも、移入されたものは苗木や種子ではなく、果実そのものであった。つまり、増加策や保護政策の成果が、あまり上がらなかったものと思われる。

対馬藩へ移入された物資は、何ら制限を受けることはなかった。それに対して移出物資は、品目の種類に制限が加えら

れていた。ところで、幕府は寛文八年（一六六八）に、津留の全国的調査を実施した。各藩はそれに対応して、領域市場統制を強化した[54]。対馬藩の場合、寛文一一年（一六七一）の「御壁書控[55]」に「往還之船念を入改、若法度物在之ハ押置、荷主致僉議此方江可申越事」とあり、津留の令を発令している。ただ、「法度物」の対象となる物資は移入品ではなく、「留物」と呼ばれる領外移出品である。その留物の品目は、次の史料の通りである[56]。

他国江出之候御法度物之覚

一初鰹
一牛馬
一鷹之類
一八木[※]
一雑穀
一材木并諸板、但、はせの木ハ、五尺ゟ上の木出之候儀、可為無用候
一にふ木
一薪、但、他国船にハ、運上ニ而薪積せ可申候、御国船は、帆別運上銀被差免成候
一あかし松、但、自国・他国之者ニよらす、運上差上候者ハ、御免被成候
一活雉
一活鶴・雁
一嶋ひよ鳥
一朝鮮おし鳥・同鶯

一何にても珍獣鳥獣
一すいしやう
一砥石、但、かねきといし大小
一大竹
以上
右之外、朝鮮諸色御法度出入之儀、弥可被相改所件如、
延宝六戊午年三月朔日

このように米は言うにおよばず、対馬藩にとって貴重品である材木、薪などの他国への移出が禁止されている。貞享二年（一六八五）には、この史料とほぼ同じ内容をもつ「當浦出之候御法度物之覚」[57]が発令され、対馬藩は、貴重品の移出に注意を施していることが窺える。また、村々から物資を買い入れ、旅出することも禁止されていた。そのことを示すのが、次の史料である[58]。

旅出御停止物覚
一穀物
一土并砥石
一活獣并鳥類
一材木丸太并板何木ニ而も
一樫木
一松木　　一桐木

一つげの木　　一楠木
一槻木　　一弓木
一かやの木　　一もみの木
一くわの木　　一植付之草木
一竹、大小共　　一しゅろの皮
一長ひしき　　一蜜
一　鉛
一うに　　一　銀山鍍　此分船掛方へ、御勘定所ゟ之御書付ニハ有之候へ共、田舎向ニ無之物故除之
一　朝鮮ゟ出候諸色之内御法度物

右之通、旅出御停止被仰付候間、堅相守候様、村々へ可被申渡候、以上

この文言から、村々からの留物は、主に材木が中心であったことがわかる。材木が移出禁止になったのは、増訂『対馬島誌』によれば第一に運輸の方法がなかったこと、第二に収支が多くなかったこと、第三に朝鮮の倭館のために供出されたこと、第四に筑前・肥前の飛地の天災のさいに給与されたことなどが理由としてあがっている。しかし、対馬藩は朝鮮貿易で材木を輸入し、また輸送方法もないわけではなかったことから、藩内の自給を賄っていたものと思われる。このように対馬藩は、資源が乏しく、目新しい産業もないため移出物資に対して、細心の注意をはらいながら、かつ一方では統制の手を強化した。

四　貿易品の輸送

前節まで対馬藩の生活物資を中心に、その仕入地、廻船の船籍、品目と数量などについて論じてきた。最後に朝鮮貿易の輸出品を中心として対馬藩へ移入された積荷の種類、対馬藩への移入品目・数量と朝鮮貿易の輸出品目・数量との関係、対馬藩の積荷輸送の意義の三点について言及することにする。

第一の朝鮮貿易における輸送品を対馬藩へ移入した積荷の方法には、朝鮮貿易の輸出品が生活物資の輸送と一緒に移入されたのか、それとも輸出品として生活物資とは別に輸送されたのかに区別されよう。実際に対馬藩に移入される積荷は、前述したように「積物」と「御物」の二種類に分けられていた。積物は生活物資を中心にした積荷であった。同時に、次のような輸出品も含まれていた。

入船之覚
御国七端帆壱艘、大坂仕出、呼子三端帆壱艘、同所仕出　合船数弐艘積物　御銀百貫目匁、塩四拾俵以上

つまり、積物として輸出品の銀（一〇〇貫匁）と生活必需品の塩（四〇俵）が、移入されていた。積物には、銀のような輸出品も含まれていたが、あくまでも生活物資が主要な積荷であることにはかわりはなかった。そして、時として輸出品も輸送していたのである。これに対して「御物」については、貞享元年（一六八四）六月二十一日の「入船之覚」に次のように記している。

入船之覚
壱州船六端帆壱艘　大坂仕出し、御物　御銀百貫目

壱州船が、大坂から御物として銀（一〇〇貫目）のみを仕入れているのである。また、表四―七のように御物は、朝鮮貿易の輸出品以外に米、酒、畳などの生活必需品も含まれていた。以上のことから、御物は朝鮮貿易の輸出品ならびに藩の貴重品の積荷であるといえる。朝鮮貿易の輸出品は、積荷の種類に関係なく対馬藩の「御国船」をはじめ、他の船籍の廻船をも用いて集荷されていた。つまり、対馬藩は、可能な限りの方法を用いて、生活物資・輸出品の集荷を行っていたのである。

次に対馬藩に前述のような方法で集められた輸出品・数量と、実際に輸出された品目、数量との関係についてみることにいよう。貞享元年（一六八四）の朝鮮貿易の輸出品・数量・代金をまとめたものが、表四―八である。対馬藩が御物や積荷として、朝鮮へ輸出するために集めた物資と数量では、表四―七に記載された朝鮮貿易の輸出品と数量を満たすことが出来ないことがわかる。貞享元年（一六八四）の「毎日記」を見る限り、それは絶対的に不足している。また貞享二年（一六八五）の朝鮮貿易の輸出品・数量と同元年の対馬藩

表 4-7 （貞享元年）御物としての入荷品目・数量

御　物	1	2	3	4	5	6	8	9	11	12	合　計
狐皮（枚）				＊21	2,813						
狸皮（枚）					2,270						2,270
銀（貫）		261メ500			150	100	500	400			1,150
銅（斤）							4,200				4,200
鑞（斤）							2,900				2,900
銀山きせる（櫃）					50	140					190
胡椒（丸）							7			67	74
大竹（本）								205		30	235
小竹（本）		20								220	240
封進物（箇）											
大豆（俵）							50				50
小豆（俵）		200									200
割たばこ		50						48		11	109
多葉粉							5				5
米（俵）	1,400	4,306	420						5,010	4,050	15,186
酒（樽）					70		15	32			117
畳（帖）		50									50
糠（俵）		100							100		200
油（樽）					5						5
油空樽（樽）		80									80

へ移入される品目と数量を比べた場合も、やはり不足しているのである。従って、対馬藩は朝鮮貿易の輸出品獲得のため、積物・御物とは別の方法で移入したり、また長年にわたる仕入れ、それを備蓄したりするなど輸出品の仕入れには最善の努力を払っていたものと思われる。いずれにしても対馬藩にとって朝鮮貿易は、藩経済にとって欠くことの出来ない経済活動である。そのため対馬藩は、輸出品の仕入れに可能な限りの方法をもちいていたといっても間違いではなかろう。

第三に、貿易品の国内輸送の意義について言及する。対馬藩が、藩内の産物を移出する場合、厳しい制限を加えていたことは前節の通りである。それに対して藩内への移入品については、何ら制限されることはなった。むしろ各地の廻船は、朝鮮貿易の輸出品や生活物資を積み、辺境の地・対馬藩まで来航してきた。それは何といっても朝鮮貿易の取引品のもつ魅力が、各地の廻船を対馬藩へ引きつけたのであろう。そして朝鮮貿易の輸出入品が、全国商品流通において与えた影響は大きかった(59)。以上の点から対馬・本土間の航路は、極めて重要な海上航路として捉える必要がある。それは主要航路である西廻り航路・東廻り航路、及びその他に西廻り航路と直結する九州航路とは別に、「対馬航路」と呼びうるものであった。

表 4-8　(貞享元年) 私貿易の輸出品目・数量

品　目	数　量	代　銀
銀		138貫000匁
慶長銀	丁銀	1,937.925
鑞	44,689	236.851
銅	152,214	258.764
棹延銅	17,535斤	43.144
鍮鉐	26,293斤	78.29
針	96斤	403匁
狐皮	6,860枚	96.040
狸皮	8,638枚	69.104
鐞皮	460枚	14.420
貂皮	2,450枚	8,575
刻多葉粉	1,000箱入9櫃	2,250
丹木	6,900斤	8,625
胡椒	3,780斤	9,450
黄連	261斤	10,962
銀山煙器	27,307挺	4,369
五花糖	200斤	616
白砂糖	232斤	505
孔雀尾	5尾	175
壱番被籠	5荷	560
象牙真針	2つ	49
目かね	8つ	250

(出典)「御商売御利潤併御代物朝鮮ゟ出高積立積立之覚書」(国立国会図書館所蔵「宗家記録」より作成)

五　おわりに

本章では、第一に対馬藩の表玄関、府中・厳原港に入港した廻船の船籍・移入物資の品目・その仕入地・そしてこれら三つの関係について記した。第二には、貿易品の移入方法と輸送手段について論じてきた。その結果、対馬藩は、自国船の「御国船」、「筑前船」を中心として「壱州船」、「風本船」、「播州船」、「佐野船」、「塩飽船」などによって、生活物資を大坂・筑前などから主に仕入れていた。すなわち、北部九州から大坂・佐野までを含む瀬戸内海に至る対馬藩の商品流通圏を本章では、「対馬流通圏」と名付けた。

北部九州以外における廻船の船籍地と仕入地は、必ずしも一致しなかった。特に「大坂船」は、入港艘数が七艘とごくわずかであった。それに対して大坂から物資を仕入れて来た廻船のうち、とりわけ「御国船」は、筑前仕入に劣らない船数であった。このことは対馬藩が中世以来、深い繋がりのあった筑前との関係が、いわゆる朝鮮—対馬—赤間関—兵庫—国内市場のラインと琉球—薩摩—博多—朝鮮のラインとの接点としての性格を保ちながら、一方近世において質的変化を遂げつつも生きていたことになる。しかし、一方で対馬藩は、中央市場の大坂にも物資仕入の依存度を強めていたのである。つまり、貿易品の集荷、販売は、中央市場の大坂・京都などで行われていた。また、筑前などの地方市場で賄うことのできない生活物資も、中央市場で仕入れていたものと思われる。いずれにしても対馬藩は、北部九州から大坂・佐野を含む瀬戸内海に至る限られた「対馬流通圏」内で、藩経済の再生産のための物資を仕入れていたことになる。こうした対馬藩の物資仕入地には、朝鮮通信使一行の停泊地になっている所が多くあることを指摘しておきたい[60]。

朝鮮貿易における輸出品は、対馬藩の藩経済の再生産に必要なため、様々な方法を用いて集荷されていた。また、その輸入品における価値は、国内経済ですこぶる大きかった。これらのことからも朝鮮貿易の取引品を輸送する重要な海上輸送航路である「対馬航路」があったと言える。しかも、対馬藩では、朝鮮貿易が藩経済の基盤として藩経済を潤した。そのため朝鮮貿易は、藩経済を再生産するうえで欠くことができないものであった。

要するに対馬藩は、藩経済を潤すため朝鮮貿易の推進に努力する一方で、独自の商業圏である「対馬流通圏」を形成しながら、藩経済の確立を目指していったのである。[61]

（注）

（1）中井信彦『幕藩制社会と商品流通』（塙書房、一九六一年五月）一三三頁～一五〇頁、竹内誠「近世前期の商業」（『流通史Ⅰ』山川出版、一九八六年五月）一二三頁～一八六頁
（2）古田良一『東廻海運及び西廻海運の研究』（東北帝国大学法文学部奥羽史料調査部、一九四二年）、渡辺信夫「街道と水道」（岩波歴史講座『日本歴史』一〇、近世二）三一五頁～三三一頁
（3）宮本又次「社会経済史からみた九州」、同「九州の島嶼とところどころ」（以上『宮本又次著作集』第五巻、一九七八年三月、講談社）、田中建夫『中世海外交渉史の研究』（東京大学出版会、一九五九年十月）
（4）田中建夫『前掲書』（一九五九年）、同『中世対外関係史』（東京大学出版会、一九七五年五月）
（5）中村栄孝『日鮮関係史の研究』下（吉川弘文館）、田中建夫『前掲書』（一九七五年）二三五頁～二七三頁、田代和生『近世日朝通交貿易史の研究』（創文社、一九八一年二月）三七頁～五七頁、荒野泰典「大君外交体制の確立」（講座日本近世史二『鎖国』）
（6）宮本又次『前掲書』第五巻（一九七八年）
（7）宗家文庫調査委員会編『宗家文庫史料目録（日記類）』二八四頁～二八五頁
（8）国立国会図書館所蔵『宗家記録』
（9）渡辺信夫・柚木学「近世の水上交通」（豊田武・児玉幸多編『交通史』山川出版、一九八二年八月）
（10）古田良一『前掲書』（一九四二年）、前掲「近世の水上交通」、横山昭男「近世初期西廻海運の発達に関する諸問題」（東北史学編『東北水運史の研究』厳南堂書店、一九六六年五月）
（11）田谷博吉『近世銀座の研究』（吉川弘文館、一九六三年三月）二二三頁～二六八頁、田代和生『前掲書』（一九八一年）二九七頁～

三四八頁、二六九頁〜二七二頁
(12) 田代和生『前掲書』（一九八一年）三四九頁〜三八二頁、二七二頁〜二七六頁
(13) 田代和生『前掲書』（一九八一年）二七九頁〜二八三頁
(14) 田代和生『前掲書』（一九八一年）二八五頁〜二九〇頁、三八三頁〜三九九頁、拙稿「近世日朝貿易における朝鮮人参座の構造と変遷についての一考察」（福岡大学『大学院論集』第一〇巻　第一号）
(15) 対馬藩は、元禄一四年（一七〇一）に幕府から初めて貿易資金の援助を受けている。このことから対馬藩は、一七世紀後半には藩財政が厳しい状況に置かれていたと思われる。（拙稿「対馬藩の貿易資金調達について」（『西南地域史研究』第六輯）、その他大坂商人などからも多額の借銀を受けている。（拙稿「対馬藩の貿易資金調達について―長崎会所を媒介とした借入を中心に―」（『九州経済学会年報』一九八一年）
(16) 宮本又次『前掲書』（一九七八年）三六一頁〜三六二頁
(17) 厳原の名称は、明治以降に付けられたものである。それ以前は「府中」と呼ばれていたが、本稿では「厳原」で統一した。（『新対馬島誌』、八一八頁）
(18) 申維翰『海遊禄―朝鮮通信使の日本紀行』には、「風本浦は、一名勝本ともいう。壱岐島の西の一隅にあり、土地をいうばあい壱岐とする所以である」と、記されている。府中・厳原港へ入港する場合、「壱州船」と「風本船」として区別されている。
(19) 『通航一覧』第三巻百十二、五七四頁（以後『通航一覧』三―一一二―五七四）
(20) 『長崎県史（藩政編）』八九五頁
(21) 『兵庫県史 第四巻』
(22) 柚木学『近世海運史の研究』（法政大学出版局、一九七九年四月）二四八頁〜二七九頁
(23) 『長崎県史（史料編）第二』五七二頁
(24) 『毎日記』にみる鯨船の入港船数は、次表の通りである。

月	艘数
1	23
2	30
3	6
4	0
5	0
6	0
7	1
8	4
9	1
10	0
11	1
12	1
計	67

(25) 宮本又次『前掲書』(一九七八年)
(26)『通航一覧』三―一三二―五六八
(27) 宮本又次『前掲書』(一九七八年)
(28)『通航一覧』三―一三二―五六八
(29) 単位は統一されておらず、史料通りに表した。また単位が表示されていないものは単位を明示していない。
(30)『通航一覧』三―一二八―四九四
公貿易は定量貿易であり、日本側から銅・錫・丹木(蘇木)・水牛角などを輸出し、これを朝鮮(倭館)で公木(木綿)に換算していた。慶安四年(一六五一)に、公木の一部を白米に換える「換米の制」が実施された。このように対馬藩は、米不足を補う努力を怠らなかった。田代和生『前掲書』(一九八一年)六三頁~六五頁
(31)『長崎県史(藩政編)』八九〇頁~八九一頁
(32) 田中建夫『前掲書』(一九七五年)三五頁~六五頁
(33) 中世の博多は、琉球―薩摩―博多―対馬―朝鮮のラインと朝鮮―対馬―博多―赤間関―兵庫―国内市場を結ぶラインの交差点であった。(田中建夫『前掲書』、一九七五年、六三頁)
(34、35)『通航一覧』三―一三二―五七四
(36)『同右』三―一三二―五七一
(37)『長崎県史(藩政編)』八九五頁
(38)『新対馬島誌』五三九頁
(39)『増訂新対馬島誌』五四〇頁
(40)『泉佐野市史』二五九頁~二六〇頁、前掲『通航一覧』三―一三二―五六八
(41、42)『新対馬島誌』五四一頁
(43)『新対馬島誌』五四三頁
(44) 岩生成一「近世日支貿易に関する数量的考察」(『史学雑誌』第六二編　第二号)
(45) 土屋喬雄『封建社会崩壊過程の研究』(象山社、一九八一年十月)四四八頁
(46) 土屋喬雄『前掲書』(一九八一年)四四九頁
(47) 土屋喬雄『前掲書』(一九八一年)四七一頁

(48) 土屋喬雄『前掲書』(一九八一年)四四九頁
(49)『日本産業史大系(九州地方編)八』(東京大学出版会、一九六六年五月)七九頁
(50)『日本産業史大系(中国四国地方編)七』(東京大学出版会、一九六〇年一月)一一〇頁
(51) 渡辺則文「近世における塩の流通」(福尾猛市郎『内海産業と水運の史的研究』吉川弘文館、一九六六年九月)
(52) 前掲『長崎県史(史料編)第二』六〇六頁
(53)『同右』五六四頁
(54) 豊田武・児玉幸多編『前掲書』(一九八二年)
(55) 前掲『長崎県史(史料編)第二』五五九頁
(56)『同右』五九四頁
(57)『同右』六三八頁
(58)『同右』七一六頁
(59) 田代和生『前掲書』(一九八一年)二五一頁〜四一九頁
(60) 前掲『海遊禄―朝鮮通信使の日本紀行』
(61) 対馬藩は藩経済を朝鮮貿易に委ねており、武野要子氏による「藩貿易」の特徴と対馬藩の朝鮮貿易とは異なっているといえよう。
(武野要子『藩貿易史の研究』ミネルヴァ書房、一九七九年六月)

第五章　対馬藩における流通網について

一　問題の所在

　幕藩制社会において、経済発展を可能にした要因の一つに海運の発展があげられる。その海運についての全体的な研究史は、柚木学氏の『近世海運史の研究』[1]に詳細にまとめられており、その点についてはここでは省略することとする。また最近、交通（海運）史の解題をつけた著書目録をまとめたものも多くみられるようになった[2]。ただ、ここでは海運史研究のなかで、本章のテーマに即した点に的を絞り、それに関する研究史について言及することにしよう。

　戦前から六〇年代に至るまでの海運史の研究として、古田良一氏[3]、住田正一氏[4]らの先駆的な研究業績をあげることが出来る。また古島敏雄氏の貴重な問題提起も重要であろう[5]。

　その後、六〇年代以降は、柚木学氏[6]、渡辺信夫氏[7]などの研究が上げられる[8]。それらはこれまでの研究をさらに深化、拡大させ、海運研究に視点をあてる方法づけを行った。こうした研究の深化、拡大は、海運史の研究上頗る意義があるといえよう。このような研究動向のなかで、海運史料についても、廻船の経営史料や「入船帳」、「客船帳」とかの存在が明らかにされた。それらの史料を用いながら、研究対象も変わっていった。すなわち、東北地方[9]、瀬戸内海沿岸[10]、大坂—江戸間[11]といった具合に地域ごとによる個別研究が、他の分野に比べ盛んになってきた。柚木学編『日本水上・交通史論集』（文献出版）のシリーズもその一つの現れである。

最近の海運研究では、上村雅洋氏[12]、中野等氏[13]などの研究があげられる。とりわけ中野等氏には「近世北九州における廻船業の展開—筑前下浦廻船の場合—」をはじめ、北部九州の廻船と年貢米などの商品流通に視点をおいた研究がある。[14]そのほか九州の海運研究には、野口喜久雄氏[15]、高田茂廣氏[16]などの研究を上げなければならないであろう。しかし、九州における海運の研究は、不明な点も多々ある。これまで九州の海運研究は、具体的な個別研究などほかの地域に比べ数が少ない。本来、九州の藩経済は、年貢米や特産物などの輸送を海運に頼らなければならない地理的条件があり、必然的に海運との関わりが高くなる。

さらに九州諸藩は、多かれ少なかれ貿易活動と深く関わっていた。そのため貿易物資の流通を考察するとき、海運史との関わりの問題が生じてくる。もちろん、市場構造や商品流通などの問題とも関連しながら検討しなければならない。[17]こうした視点で海運問題を論じた研究はわずかである。そこで、本章では貿易品ならびにその他の商品について、海運との関係に視点をおき、全国市場のなかで対馬藩の流通網がいかに展開したかを明らかにしたい。

ところで、西廻り海運の発展は、地方の港湾の盛衰に大きな影響を与えた。[18]西廻り海運の発展によってそれまで中継都市の敦賀、小浜といった都市が衰退し、それに代わって西廻り海運の寄港地としての下関などが注目されるようになった。その下関は、九州との接点が極めて強い港町である。ここで中央市場としての大坂、地方市場としての下関といった全国市場網の確立も大きな問題となる。そこで九州諸藩は、全国市場網とりわけ下関市場とどのような関係があったかが問題となる。本章では、対馬藩と地方市場下関との関係を中心に明らかにする。さらに具体的にいえば、対馬藩に必要な生活物資と下関との関わり、ならびに朝鮮貿易品の流通の二側面から分析することにする。

地方市場下関の研究は、それぞれ視点が違うものの、これまで薩長との藩際交易を中心に論じられた場合が多い[19]。いずれにしても地方市場としての下関を、少なくとも海運との絡み合いで論じたものは殆ど例がない。また、対馬藩と下関との関係も、これまで論じられたことは皆無に等しい。

最後に、昭和三七年（一九六二）に地方史協議会が、はじめて「交通と運輸をめぐる諸問題」という統一テーマをかかげ、幕藩制下における交通問題を正面から取り上げた[20]。学会において交通問題を取り上げた最初である。その後、昭和五一年（一九七六）に児玉幸多氏らを中心にして『交通史研究会』（現『交通史学会』）がスタートした[21]。ただ、こうした学会の動向には、商品流通の分析の積み重ねが欠落していた。

ようやく、こんにち経済史、商業史の分野の研究では、商品流通に重点が置かれ、論じられることが主流になってきた[22]。それとともに物資の輸送問題とりわけ海運史は、その重要性を増してきた。

本章で取り上げる対馬藩は、生活必需品の殆どすべての自給が不可能である。したがって藩外から多くの生活物資を供給する必要があった。そこではじめて対馬藩の藩経済の再生産が可能となった。対馬藩のもう一つの特徴は、朝鮮貿易が藩経済の基盤となっていた点である。対馬藩は、このような朝鮮貿易と生活必需品の流通という二元的な経済構造から成り立っていた。朝鮮貿易の魅力に誘われて入港する廻船は頗る多かった。なお、本章では朝鮮貿易が衰退期に入ったとされる宝暦四年（一七五八）の史料を取り上げ、対馬藩に入港する廻船の実態ならびに朝鮮貿易品の流通などを明らかにする。その結果、対馬藩の宝暦四年（一七五八）の藩経済の断面図を明らかに出来ると思う。

二　廻船の性格

a　史料の記録と特徴

本章で依拠する史料は、長崎県立対馬歴史民俗資料館に所蔵されている『積荷物御見上書上帳』である[23]。この史料の記述は、宝暦四年（一七五四）一〇月から一二月までの三ケ月に限られており、同年一月から九月までの分は記載されていない。また、この史料には（一）から（一〇）の枝番号が整理上つけられているが、月日の順にはばらつきがある。この『積荷物御見上書上帳』の記載形態は、次のようになっている。

　十月四日入船長州五反帆船頭惣吉積来り荷物御運上之

覚

一塩弐百俵　内大百俵　同小百俵　御運上銀六匁　同　四匁

一米四俵　同壱匁四分

一飯米弐俵

一あみ漬塩六十参挺　同壱匁弐分

　右船頭惣吉

一但馬苧五貫四百目壱丸　同参分

　八坂勘兵衛

一反切木綿五拾反入壱丸　　同八分
　佐野屋平左衛門
一同五拾反入壱丸　　同八分
　三木喜右衛門
一びん付拾斤入壱箱　　同壱分
　前川甚七
一反切木綿弐拾参反入壱丸　　同参分五厘
　亀屋善兵衛
一反切木綿七拾参反入壱丸　　御運上銀八分
　山田忠右衛門
一大盆参枚
一小同拾枚　　此弐品御運上除之
　宮川左平太
一反切木綿拾反入壱丸　　同壱分六厘
一素めん四貫匁入参桶　　同六分
一下駄緒百そく　　同壱匁
　高木八十助
一反切木綿五拾反入壱丸　　同八分

三木喜兵衛

一酢壱挺　同弐分

雉時屋吉兵衛

一素麺四挺　御運(上欠カ)銀壱匁弐分

一柄杓五拾本　同参分

一木綿拾八反壱包　同参分

藤崎常五郎

一木しゃくし百五拾本　同壱分弐厘

一尺長四帖　同五厘

前川甚七

一木しゃくし四拾五本　同弐分四厘五毛

一鰹ふし八連　弐品ニ而

一ひしゃく弐拾本　同壱分弐厘

一燭蝋壱包　同壱分

緒方茂右衛門

一半紙白保五〆入合壱丸　同六分五厘

一素めん壱挺　同参分

大東長治郎

一草草履参拾足　　　　　　　　　　御運上銀参厘

宮田利右衛門

〆銀弐拾壱匁四厘五毛

以上

この史料には、船籍、反帆数、船頭名、積荷、積荷受取人、その下に運上銀が記載されている。また、この史料は入運上所という役所が記録していた。この史料には本来、港湾修覆などのための費用の捻出あるいは帆別銭などの一種の入港税、通関料を徴収の記載はないが、「入船帳」とよばれている史料形態に極めて類似しているところから、この史料は「入船帳」と位置づけることが出来よう。[24] しかも、この史料の記載が、廻船が入港した順に記されていることからも、そのことを認めることが出来るであろう。「入船帳」は、元来船番所で帆別船などの入津税、通行税を徴収するために記録された「船改帳」である。[25] このほか海運史料には「客船帳」と称されるものがある。それは廻船問屋のもとに入港した廻船を国別、地域別に分類した記録で、顧客名簿の性格をもっている。[26]

この史料には、対馬藩の府中・厳原港に入港した廻船が、入運上所で記録された順に、その積荷の受取人が記載されている。また、入港船の積荷が受取人ごとにまとめて記されているものの、ときにはその受取人が数回にわたり記載されている場合もある。本史料でわかることは、次の二点である。第一に、どこの廻船がどのような物資を積荷していたかがわかり、対馬藩の生活物資流通網を明らかにすることが出来る。第二に、移入された物資を対馬藩のどの商人が受け取っていたかが明らかになり、その商人の取り扱う商品がわかることである。もっとも積荷の積出港が明記されておらず、肝心な点が不明になっている。

表 5-1 （貞享元年）船籍・帆反数・入港船数

帆別 / 船籍	2	3	4	5	6	7	8	9	10	11	12	13	14	15	16	計
御国	2	26	4	10	11	24	20		23	3	10	7		1		141
壱州		27	15	5	4	1			2			3				57
風本（勝本）		26	15	3	4	1			1							50
芦辺		4														4
肥前			2	1				1	2							6
唐津		18	1	2	1	1	1		1			2		1		28
呼子		34	1	1												36
呼子湊浦		1														1
伊万里			3													3
名護屋		28														28
長崎		1	1	1		1										4
平戸		4			1											5
平戸日野		1														1
大村		6														6
嶋原				1												1
筑前		63	26	62	12	26	15	11	7	5	3	1				231
鐘崎		4														4
地嶋									1							1
小倉			2			6	1	5	4							18
筑後										1						1
豊前					1		2	2								5
豊後			2	1	2	1		1		3	2	3				15
小計	2	243	72	87	36	61	39	20	41	12	15	16		2		646
長門		20	1													21
長門竹崎		1														1
長門伊崎		3														3
長州安岡		8														8
周防			1		1				1		2					5
成尾	10	2														12
備前					2	1						1				4
播州		1	1	5	1	3	7	1	2	4	25	9	3		1	63
讃州		1	1		5		3		6							16
塩飽		3	1					1	1				8	3	1	18
直嶋											4	1	2			7
大坂						2					5	2		1		10
泉州	1	5	2	1	1	3				1	1			1		16
泉州貝塚		1	1													2
佐野	32	7	3	2	5		3	5	1	1	2	3	1	1		66
紀州				1		1										2
瀬戸				1												1
脇瀬戸		1														1
脇浜												1				1
小計	43	53	11	10	15	10	13	7	11	6	39	17	14	6	2	257
合計	45	296	83	97	51	71	52	27	52	18	54	33	14	8	2	903

（出典）拙稿「宗家文庫「毎日記」の分析」（『西南地域の史的展開（近世編）』）

b　廻船の規模

まず、帆の大きさについて検討をしてみよう。貞享元年（一六八四）に対馬藩の府中・厳原港へ入港する廻船の船籍、その船数、反帆数をまとめたものが表五—一である。表五—二は、宝暦四年（一七五四）の一〇月から一二月までの三ケ月間の廻船の船籍、その船数、反帆数をまとめたものである。この二つの表から次ぎのことがいえる。第一に、貞享元年（一六八四）における対馬藩の府中・厳原港に入港する廻船、二反帆が最少の反帆数で、一六反帆が最大の反帆数であった。それに対して、宝暦四年（一七五四）には三反帆が最小の反帆数で、最大の反帆数が二一反帆にまで大型化していること。第二に、対馬藩の府中・厳原港に入港する廻船は、三反帆から九反帆までの中小規模の反帆数の大きさが主流であったといえる。ただ、貞享元年（一六八四）も宝暦四年（一七五四）も、九州地域の廻船は、比較的反帆数が小さいのに対し、瀬戸内海沿岸の廻船は相対的に大きいといえよう。

　宝暦四年（一七五四）の対馬藩の府中・厳原港へ入港の廻船の大きさと積荷の品数との関係は、表五—三によって明らかに出来る。それによれば廻船の帆の大きさと、積荷の数量とは相関関係はな

表 5-2（宝暦４年）船数・船籍・反帆数

船籍＼帆別	3	4	5	6	7	8	9	10	11	12	13	17	18	19	20	21	不明	計
御国	1	1	1		2	1		1									1	8
壱州				2	3	4	4			1	1							15
筑前	1	1		1														3
豊州小倉	2																	2
薩摩					1													1
長州	2	2	7	3	7	1	4	1										27
安岡		1																1
長州嶋戸																		0
長州涌浦																		0
長浜	6																	6
平松	3																	3
長州矢玉			1		2		1											4
播州	1	2	1	2	1	6	6	1			1	5	3	3	3	1		36
兵庫																		0
讃岐											1							1
泉州																	1	1
佐野									1									1
計	16	7	10	8	16	12	15	3	1	1	3	5	3	3	3	1	2	109

（出典）『積荷御運上書上帳』（長崎県立対馬歴史民俗資料館）

表 5-3　船籍・反帆数・品数・受取人

月日	船籍	反帆数	品数	受取人数
10/4	泉州	不明	12	1
	長州	5	29	16
	長州	5	10	1
	佐野	11	40	26
	長州	5	2	
	兵庫	(傳)	26	13
	薩州	7	2	
	播州	9	1	
	播州	4	14	7
	長州	9	9	3
	長州	9	61	25
	安岡	4	6	6
	壱州	7	107	46
	播州	9	17	15
	壱州	記載無	1	
	筑前	6	1	
10/7	兵庫	(傳)	115	65
	播州	3	3	
	長州	3	2	
	長州	5	3	
	長州	7	3	
	長州	7	2	
	長州	7	2	
	長州	6	2	
	播州	8	24	15
	筑前	3	3	
10/17	矢玉	9	6	
	播州	8	69	
10/19	長浜	3		
	平松	3		
10/23	豊州小倉	3	1	
	豊州小倉	3		
10/28	長州矢玉	7	2	
	長州矢玉	7	2	
	長州嶋戸	(漁)		
	長州涌浦	(漁)		
10/31	長州	9	51	21
	長州	8	14	9
	御国	10	87	30
11/2	長州	6	4	2
	長州	5	8	8
	播州	9	1	
	播州	8	3	
	壱州	9	34	20

月日	船籍	反帆数	品数	受取人数
11/4	播州	5	9	3
	壱州	8	53	35
11/8	播州	9	10	7
	壱州	6	36	18
	筑前	4	9	
	播州	8	47	記載無
	播州	10	5	
	播州	4	9	7
	播州	20	5	
	長州	4	21	7
	長州	3	6	
	播州	19	6	
	長州	3	3	
	御国	4	12	5
	長州	7	2	
	長州	6	3	
	長州	5	2	
11/8	壱州	8	8	
	兵庫	(傳)	120	36
	壱州	9	37	18
	御国	7	10	10
	播州	17	5	
	播州	18	2	
	御国	8	13	4
	御国	7	78	34
	矢玉	5	1	
11/9	長州	4	2	21
	壱州	8	17	9
	兵庫	(傳)		
	播州	8	8	7
11/15	長州	9	34	20
	壱州	12	6	
	播州	13	2	
	御国	5	55	1
	(双海)	1		
	(双海)	1		
	(鯨船)	1		
	播州	18	4	
	播州	17	1	
	播州	8	47	17
	播州	9	3	
	讃州	13		
	播州	18	8	
	御国	3	11	8

月日	船籍	反帆数	品数	受取人数
11/20	播州	21	1	
	長州	7	2	
	播州	19	6	
	播州	17	7	4
	兵庫	(傳)	115	63
	壱州	9	3	
	壱州	8	20	6
11/25	(鯨船)			
11/28	播州	17	5	
	(鯨船)			
12/7	兵庫	(傳)	138	54
	長州	9	74	39
12/13	兵庫	(傳)	99	43
	播州	17	1	
	播州	19	7	
	播州	6	5	
	壱州	6	41	26
12/14	壱州	不明	15	5
	長州	7	11	
	壱州	8	76	34
	播州	9	61	32
	壱州	9	96	48
	壱州	7	65	35
12/24	兵庫	(傳)	3	
	兵庫	(傳)		
12/25	播州	20		
	播州	20		

(出典)『積荷御運上書上帳』(長崎県立対馬歴史民俗資料館)

いことがわかる。例えば、最も多くの品目を積荷にしていた廻船の反帆数の大きさと、その船籍と積荷の品数を順にみると六反帆（播州船）で一七八品目を最高に、傳道船（兵庫）が一三八品目、一二〇品目、一一五品目と多くの品物を積荷していることがわかる。ちなみに、この傳道船は、三、四人乗りの小型船と思われる。[27]そうして次に七反帆（壱州船）の一〇七品をあげることができる。逆に、最も少ない積荷の品目数と帆反数の関係は、「積荷無之」つまり空船で対馬藩の府中・厳原港に入港した例もある。最小廻船である三反帆の廻船では、「積荷無之」から多いときでも一一品目しか積荷しないで対馬藩の府中・厳原港へ入港していた。最大反帆数の二一反帆の廻船も、やはり「積荷無之」と一品目のみの積荷を載せている。これらのことから廻船の大きさに関係なく積荷され、対馬藩の府中・厳原港へ入港していたことがわかる。

いずれにしても、反帆数と積荷の品目とは関連がないことがわかった。反帆数の大きい廻船が少ない品目を積荷し、藩内の産業が乏しい対馬藩へ来航した大きな要因は、やはり朝鮮貿易の魅力があったものと考えるのが妥当であろう。つまり、空船状態で往来することは考えられず、入港する際は空船でも、帰船の時に朝鮮貿易の物資を満載し、大坂などへ輸送したのであろう。また、対馬藩は薪の産出が盛んであったといわれており、その薪の移出(薪積船の存在に注意すべきである)も考察の範囲のなかに入れなければならないが、今のところ関係史料を寡聞にして知りえない。

Ｃ　廻船の性格

先の史料でも明らかなように、各船籍の廻船が、種々雑多な商品を輸送してきていた。この廻船の責任者が船頭である。その船頭には、船主＝船頭である直船頭と雇船頭である沖船頭の二種類がある。[28]この船頭の性格づけは、各廻船の運送形態の問題と頗る関連がある。具体的には、買積船か賃積船かということである。ここで取り扱う廻船がどちらかの性格なのかを考えてみることにしよう。海運経営形態のうえからは、自己生産―自己運送＝買積船から商品生産―他人運送

表 5-4 ①　船頭とその受取積荷・数量①

月日	船籍	反帆数	船頭	積荷（数量）
10/4	泉州		左衛門	塩（1,200）、莚（400 枚）、□笠（150 本）、大引縄（70 束）、飯米（6）、七嶋（21 束 7 丸）、黒砂糖（1 挺）、嶋木綿（2 丸）、ちり紙（4〆入 5 丸）、煙草（19 丸）、尺長（20 帖入 2 丸）、半紙（4〆入 3 丸）
	長州	5	惣吉	塩（200）、米（4）、飯米（2）、あみ漬（63 挺）、
	長州	5	又平次	塩（250）、七嶋莚（10 束 5 丸）、数のこ（10）、煙草（4 丸）、素麺（3 挺）、米（20）、飯米（10）、小樽酢（20 挺）、畳表（30 枚）、びん付（2）、大麦（40）、大引縄（30 束）
	佐野	11	長四郎	大麦（40）、大引縄（30 束）
	長州	5	七郎兵衛	米（80 表）飯米（10）
	薩摩	7	治右衛門	煙草（4 丸）、黒砂糖（80 挺）
	播州	9	安五郎	塩 (220)
	播州	4	六郎右衛門	飯米(1)、* 餅米(4)、小樽酢(4 挺)、小樽酢(3 挺)
	長州	9	清五郎	飯米（5）
	安岡	4	吉九郎	米（85）
	壱州	7	与三郎	小樽酢（1 挺）
	播州	9	喜三郎	米（30）、飯米（10）
	壱州		市郎右衛門	塩（150）
	筑前	6	与兵衛	米（140）
10/7	播州	3	善四郎	小樽醤油（55 挺）、飯米（10）、塩（250）、
	長州	5	孫三郎	塩（100）、米（100
	長州	5	庄作	塩（240）、飯米（10）
	長州	7	左七郎	塩（210）、飯米（13）
	長州	7	与六	塩（220）、飯米（7）
	長州	7	長次郎	塩（200）、飯米（6）
	長州	6	喜左衛門	塩（90）、飯米（3）
	播州	8	平五郎	飯米（5）
10/18	筑前	3	平次	塩（550）、繰り綿（5 本）、飯米（3）
10/1	矢玉	9	善九郎	塩（110）、飯米（5）、
	播州	8	七之助	米（180）
10/1	小倉	3	善五郎	飯米（3）
10/28	矢玉	7	市太郎	塩（150）、飯米（7）
	矢玉	7	久左衛門	塩（100）、飯米（7）
10/30	長州	8	仁兵衛	大根（19 巻）、漬物樽（2 挺）、飯米（9）

表 5-4 ②　船頭とその受取積荷・数量②

月日	船籍	反帆数	船頭	積荷（数量）
11/2	長州	6	又平次	米（40）、餅米（30）、飯米（10）
	長州	5	惣吉	飯米（5）
	播州	9	傳左衛門	飯米（35）
	播州	8	七之助	米（220）、蜜柑（4）、飯米（10）
	壱州	9	長兵衛	煙草（2 丸）、草履板付（40 足）、大根（10）
	長州	7	忠太郎	塩（40）、飯米（7）
11/4	播州	5	吉右衛門	塩（500）、小樽醤油（30）、大樽醤油（3 挺）、 油（2 斗入樽 3 挺） * 油壱斗入樽（2 挺）、煙草（10 斤入 5 丸）
	壱州	8	九左衛門	藍（30）、飯米（20）
11/8	播州	9	喜右衛門	飯米（15）、繰り綿（20）
	壱州	7	市郎右衛門	飯米（10）
	筑前	4	孫七	米（140）、飯米（10）、酢小樽（15 挺）、 醤油大樽（5 挺）、草履（140 足）、裏付（120 足） * 醤油（2 斗入 6 挺）、びん付入棺（2 つ）、板付（60 足）
	播州	10	金兵衛	塩（650）、莚（530 枚）、わらじ（560 足）、 勝本畳（10 帖）、飯米（11）
	播州	4	六郎右衛門	酢小樽（10 挺）
	播州	20	七右衛門	飯米（30）、小塩（110）、小塩（50）、 草履（150 足）、かまき（40 枚）
	長州	4	吉九郎	米（30）、七嶋（5 束）
	長州	3	七郎兵衛	米（30）、白保（2 丸）、半紙（1 丸）、 綿（2 本）、煙草（2 丸）、塩（50）
	播州	19	左次兵衛	大引縄（40 束）、小塩（350）、皮草履（150 足）、 □（50 束）、わらじ（100 足）、飯米（40）
	長州	3	伊兵衛	小塩（70）、綿（4 本）、飯米（5）
	御国	4	市兵衛	小麦（18）、酢小樽（14 挺）、蜜柑（3）、 裏付（30 足）、板付（30 足）、米（5）、飯米（3）
	長州	7	勘助	塩（150）、飯米（10）
	長州	6	久右衛門	塩（20）、飯米（30）、飯米（7）
	長州	5	庄左衛門	塩（100）、飯米（4）
	壱州	8	傳七	荷内（4 荷）、桶（10 □）、手洗（6 つ）
	壱州	9	庄左衛門	飯米（7）、大□□（20 枚）
	御国	7	与四郎	餅米（10）
	播州	17	喜左衛門	綿（5 本）、塩（20）、醤油小樽（3 挺）、 莚（100 枚）、飯米（20）
	播州	18	与左衛門	塩（100）、飯米（30）、
	御国	8	惣兵衛	塩（450）、大引縄（80 束）、七嶋（7 束）
	御国	7	権右衛門	飯米（12）
	矢玉	5	貞七	飯米（2）

表 5-4 ③　船頭とその受取積荷・数量③

月日	船籍	反帆数	船頭	積荷（数量）
11/2	長州	4	助三郎	醤油小樽（145 挺）、飯米（3）
	壱州	8	与兵衛	塩（100）
	播州	8	徳右衛門	酢小樽（4 挺）、飯米（7）
	長州	9	清五郎	米（55）、飯米（5）
	壱州	12	宇平次	飯米（4）、塩（30）、縄（2 丸）、空樽（100 挺）、米（10）、繰り綿（3 本）
11/4	播州	13	源七	飯米（5）、空樽（150）、
	播州	18	仁左衛門	米（415）、飯米（35）、数の子（10）
	播州	17	徳右衛門	飯米（25）
	播州	8	平五郎	米（15）、飯米（15）
	播州	9	安五郎	米（250）、わらじ（130 足）、柏莚（30 丸）
	播州	18	市右衛門	小塩（400）、餅米（20）、莚（500 枚）、麦（30）、飯米（20）、茶（50 束）、わらじ（200 足）、魚引縄（20 束）
	長州	10	権助	塩（1000）
	播州	6	三郎兵衛	飯米（2）
	播州	21	作左衛門	飯米（30）、
	長州	7	万吉	飯米（13）、塩（200）、
	播州	9	久三郎	□□□皮（5,000 枚）、古□（150 貫目）、米（500）、飯米（150）、数のこ（5）
	播州	7	正蔵	小塩（100）、飯米（40）、醤油小樽（200 挺）
11/8	壱州	9	治郎右衛門	塩（60）、飯米（10）、塩（40）
	播州	17	庄五郎	莚（1,500 枚）、塩（300）、わらじ（500 足）、米（20）、飯米（40）
	長州	9	傳兵衛	米（50）、飯米（7）
	播州	17	惣兵衛	米（450）
	播州	6	勘次郎	米（60）、縄（50 束）、空樽（10 挺）
	壱州	6	重郎衛門	藍（3 丸）
	長州	7	作右衛門	藍（150）、岩綱（40 房）、米（100）、畳（6 帖）、葉藍（6）、煙草（1 丸）、油（1 挺）、貝しゃ（3 丸）、くす入樽（1 挺）、大根漬樽（1 挺）、半紙（2 丸）
	壱州	8	久左衛門	銚子なへ（1 つ）、金輪（1 つ）、米（64）、* 米（10）、
	播州	9	市郎兵衛	餅米（20）、小樽醤油（10 挺）、* 小麦（2）、多年母（7）
	壱州	7	与三郎	米（70）
	兵庫	伝道船	清左衛門	鯨赤身（2,887 斤）、鯨黒皮（415 斤）、油（6 挺）

(注)（　）の単位は俵。
(出典)『積荷御運上書上帳』(長崎県立対馬歴史民俗資料館所蔵)

＝賃積船への発展形態をとるとされている。[29] 買積船は北前船、賃積船は菱垣廻船と樽廻船とが代表的な例としてあげられる。このうち賃積船は定められたコースを取って、指定された目的地の問屋へあて、迅速かつ確実に廻船するのが、船頭に課せられた本来の任務とされている。[30] 対馬藩の府中・厳原港へ入港する廻船の場合は、買積船か賃積船かを判断するには余りにもその材料が乏しい。ここで依拠した史料『積荷物御運上書上帳』は、入運上所に廻船が入港し、積荷した物資を受取人に売り渡し、その売り渡した物資に運上が課された記録と思われる。そうして各廻船の船籍と積荷の間には、直接的なつながりがないことが多くあったし、そのため船頭の存在も大きかったといえる。しかも、買積船の船頭は、積荷の売買についても、その全責任を船主より委託されていたため、船頭の才覚による自由な商取引行為が、認められていたとされている。[31] このように買積船の船頭は、頗る商人的な要素が強かった。ところで、表五―四は、宝暦四年（一七五四）の対馬藩の府中・厳原港へ入港する廻船の船頭名、その船頭が受け取った生活物資とその数量をまとめたものである。この表から船頭たちは、毎回とはいかないとしても、かなりの回数で積荷の受取人になっていることがわかるであろう。その主な物資は、米、塩といった生活必需品が中心であった。また、空船で入港したり、あるいは朝鮮貿易品を輸送できる魅力などを考えれば、それは買積船の性格を強くもっていたと解釈できる。このことから対馬藩の府中・厳原港へ入港する廻船の船頭は、直船頭ということになる。それは船主が兼ねていたか、もしくはその同族にあたるものが務めていたのではなかろうか。

三　対馬藩のマーケット

a　筑前船から長州船へ

前節で対馬藩の府中・厳原港へ入港する廻船が、買積船の性格をもっていたことがわかった。そこで次に買積船の性格をもった廻船の船籍について検討することにしよう。はじめに表五―一と表五―二の比較を行うことにする。前述したように表五―一は、貞享元年（一六八四）の対馬藩の府中・厳原港へ入港した廻船の船籍、その船数、帆反数をまとめたものである。表五―二は宝暦四年（一七五四）の対馬藩の府中・厳原港に入港した廻船の船籍、その船数、帆反数をまとめたものである。まず入港船数は表五―一から貞享元年（一六八四）が九〇三艘、表五―二から宝暦四年（一七五四）が一〇九艘である。宝暦四年（一七五四）の場合は、一〇月から一二月までの三ヶ月分であるため、単純計算して仮にそれを四倍して一年分とみなすと四三六艘にのぼる。この両方の一年分を比較すると、宝暦四年（一七五四）の入港船が貞享元年（一六八四）のそれと比較して半減していることがわかる。表五―一から貞享元年（一六八四）時に入港船が多い船籍とその船数は、筑前船（一三一艘）、御国船[32]（一四一艘）、佐野船（六六艘）、播州船（六三艘）、壱州船（五七艘）、勝本船（五〇艘）の順である。

それに対して表五―二によれば宝暦四年（一七五四）では、播州船の三六艘（一四四艘）、長州船の二七艘（一〇八艘）、壱州船の一五艘（六〇艘）、御国船の八艘（三二艘）、筑前船が三艘（一二艘）の順となる。カッコの中の数字は、先の計算にそって一年分と単純計算した数値である。貞享元年（一六八四）から宝暦四年（一七五四）の七〇年間に、対馬藩の府中・厳原港へ入港する筑前船や御国船の船数が、大幅に減少していることがわかる。とりわけ、筑前船の減少は顕著である。

筑前船とは逆に、対馬藩の府中・厳原港に入港する廻船が増加している船籍には、播州船、長州船が上げられる。とりわけ、長州船が増加した宝暦四年（一七五四）は、実は下関[33]の第二発展期とされている寛宝期（一六六一～八〇）から化政期（一八〇四～二九）の時期に含まれている。[34]これは下関が西廻り海運の一寄港地から地方市場へと代わっていったことを意味する。対馬藩との限られた関係のなかでも、地方市場としての下関が確立したことが明らかであろう。すなわち生活物資供給基地が、筑前（博多）から下関へ移行したのである。

b　廻船の販路

対馬藩の府中港へ入港した廻船の航路についての史料を下記に示そう。ただ、時代が少々遡り、宝永五年（一七〇八）の史料である。[35]

博多芥屋町甚右衛門と申船頭、同所長松、同西町浜ノ者水主善四郎右三人一艘乗組、為商売長州赤間関ゟ対州江志、去六月朔日至出帆（後略）

この文言によれば、宝永五年（一七〇八）の段階で、博多の廻船が商売を行うため、一旦長州へ赴き、そうして対馬藩へ廻航したことを明らかにしている。それは対馬藩の府中・厳原港へ来航する廻船の航路の一例を示している。そのほかの廻船も、多かれ少なかれこのように航路をとっていたことが、積荷の種類と船籍の関係から推測される。ちなみに結局この廻船は、対馬藩の府中・厳原港へ入港できず、朝鮮に漂着してしまった。

c　入港廻船と問屋

対馬藩の府中・厳原港へ入港した廻船によって荷揚げされた生活物資は、その後左記の史料のように流通していった。

ただ、時代が少々遡り、延宝九年（一六八一）の史料である。(36)

一、自国船・他国船之船共入津之刻、米麦幷雑穀之類・粉くれ・杉板・畳・多葉粉、其外何色ニ而も、御定之問や江揚候様ニ、
堅可被申付候事、

この文言によれば、対馬藩の府中・厳原港へ上陸された生活物資と思われる米、麦、雑穀などは、予め決った特定の問屋へ荷揚げされたことになる。そうしたその特定の問屋から藩内へ流通していったものと思われる。

d　朝鮮―対馬航路

朝鮮から日本へ輸出される物資の流通形態は、本史料では明らかに出来ない。しかし、それについての関係史料を掲げることはできる。(37)

今度米漕順吉丸、正宝丸、春日丸三艘船便、倭館薬種方ゟ薬種類、牛皮、紙末之通送来候付、御国船ゝ頭忠作船江
積入、大坂如御役方為差登、順次第出帆申付候付、左様御聞届被下置候様奉希候、以上

七月　　両郡

御廻米方

つまり、朝鮮貿易品は、対馬藩の朝鮮における出先機関・倭館（和館）から順吉丸、正宝丸、春日丸の三艘によって、府中・厳原港へ輸送されていた。そうしてそれを「御国船」の船頭忠作船に積み入れて、大坂へ輸送していたことがわる。このように朝鮮からの輸出品は、一旦対馬藩の府中・厳原港に輸送された。そうしてそれを同港へ入港した各船籍の廻船によって、とりわけ大坂へ輸送された場合が多かったように解釈される。

e　朝鮮と薩摩との関係

後述するように宝暦四年（一七五四）段階で、既に薩長両藩の経済的結び付きがあったと思われる。その薩摩藩と朝鮮との関係に関しては、本史料では明らかに出来ない。時代が少々下がって、天保六年（一八三五）の史料であるが、参考のためにそれを次に上げることにしよう[38]。

一對州朝鮮交易之儀累年故障申立、往々ゟ通信も絶可申哉と噂いたし、對馬守勝手向も近年別而差支候由、全く抜荷物不取締より起候様子ニ相聞、是又薩州、朝鮮江交易いたし、日本之刃物類も相渡り、彼是勝手宜ゆへ、契約之場所等江、薩州船・朝鮮船往来いたし候由

つまり、この文言から次の点がわかる。第一に、対馬藩の朝鮮貿易が年々衰えていたことである。第二に、抜荷を取り締まらないため対馬藩の財政は苦しくなっている。第三に、薩摩藩と朝鮮との貿易が行われ、しかも刃物類も取り引きされていた。薩摩藩と朝鮮が、あらかじめ契約で定められた取引場所へ往来していた事実を明らかにしている。つまり、天保六年（一八三五）の段階で、薩摩藩と朝鮮は直接交渉を行うようになっていたことがわかる。朝鮮側にとってみれば対馬藩に比べて、薩摩藩との貿易のほうがはるかに利益が望めた。また、薩摩藩との貿易では、刃物類などが購入できるなどメリットがはるかに大きかった。一方、薩摩藩側は限られた経済事情で営まれる琉球貿易以外の貿易が望まれるところであった。ここに両者の利害が一致したのである。少なくとも天保期（一八三〇～四三）に薩摩藩と朝鮮は、その交流の可能性が生じていたことは確かである。このことは、鎖国制のもとでの特殊な状況として注目すべきであろう。

四　積荷とその流通

a　生活物資

宝暦四年（一七五四）の段階で、対馬藩の府中・厳原港には、長州船、播州船、壱州船を中心に多くの積荷が移入されていた。その積荷は大きく三つに分類できる。その第一は米、飯米、塩などの生活物資、第二は黒砂糖、第三に銅、胡椒、丹木などの貿易物資である。

そのうち最初に生活物資について言及することにしよう。その生活物資をまとめたものが表五―五である。この表五―五から移入品が多い順にあげれば、塩（大―三、六二四俵、小―三、九〇〇俵）、莚（三、八三〇枚）、米（六、〇三七俵）、飯米（七八一俵）、餅米（三九一俵）、畳（二〇九帖）、七嶋（一一三束）、灯油（一一〇樽）の順となり、生活必需品が主流を占めていたことがわかる。

それに対して、貞享元年（一六五四）時に対馬藩へ多量に輸送されてきた積荷として米（三三、四五二俵）、塩（三四、八〇二俵）、瓦（四八、四六五枚）、莚（一一、一四〇枚）などがあげられる。[39] このほか主だった積荷として、醤油の一、三三四樽、七嶋の三〇八枚、畳の七五二帖、餅米の三一〇俵

表 5-5　主要移入物質・移入高・船籍

物資	投入高	船籍（移入高）
米	6,037 俵	長州（173 俵）播州（492 俵）壱州（51 俵）御国（15 俵）その他（32 俵）
飯米	781 俵	長州（1,433 俵）播州（2,991 俵）壱州（1,163 俵）筑前（280 俵）御国（334 俵）
餅米	391 俵	長州（133 俵）播州（112 俵）壱州（133 俵）御国（13 俵）
塩	大 3,624 俵	長州（1,464 俵）播州（1,240 俵）壱州（410 俵）御国（400 俵）その他（110 俵）
	中 500 俵	播州（500 俵）
	小 3,900 俵	長州（1,060 俵）播州（1,760 俵）壱州（40 俵）その他（40 俵）
	小 - 小 550 俵	筑前（550 俵）
莚	3,830 枚	播州（3,430 俵）泉州（400 枚）
醤油	大樽 955 樽	長州（147 樽）播州（657 俵）壱州（15 樽）佐野（10 俵）御国（4 樽）
畳	209 帖	長州（67 帖）播州（111 帖）壱州（9 帖）佐野（10 帖）御国（12 帖）
七嶋	113 束	播州（3 束）御国（75 束）
灯油	110 樽	播州（43 樽）兵庫（65 樽）

（出典）『積荷御運上書上帳』（長崎県立対馬歴史民俗資料館所蔵）

などがある。「飯米」の記載はないし、灯油についてはその名称はないが、ただ油として三五樽が移入されている。

(ア) 米

幕藩体制のもとでの海運発達の要因の一つとして、年貢米や特産物などの輸送があった。日本海側の奥羽地方の諸藩は、西廻り海運の開発によって多量に安く、かつ迅速に年貢米などを大坂市場へ輸送することが可能となった。そのほか東北地方や九州の諸藩も、海運で輸送した年貢米を大坂で換金し、非自給生活物資の購入に当てていた。しかしながら、対馬藩の場合、このような諸藩とは全く異なった米の流通を行っていた。つまり、米の収穫量がわずかしかない対馬藩は、家臣たちに禄米を与えることにも四苦八苦している状況であった。そのため不足する米は、自藩の飛地や他の領地から移入しなければならなかった[40]。宝暦四年（一七五四）に対馬藩の府中・厳原港へ移入された米の量とその内訳が、表五―五からもわかる。それによれば播州船（二、九九一俵）、長州船（一、四三三俵）、壱州船（一、一六三俵）、御国船（三三俵）、筑前船（三八〇俵）の廻船のみによって米は、移入されていた。この合計が六、〇三七俵である。こうした米の移入は、対馬藩の藩経済におけるもう一つの特徴である。それは対馬藩の当初の石高は一万石とされていたことを考えれば、その半分強の米が移入されていたことからも明らかである。これらはすべて運上が課せられていた。また、その受取人については、特定することが出来ない。

(イ) 飯米

次に飯米についてである。この「飯米」を積荷した廻船の船籍と、その俵数をまとめたのが表五―六である。飯米には運上が課せられておらず、しかも全て受取人は船頭であ

表 5-6　飯米移入高・船籍

船籍	船数	俵数
長州	21	173
播州	24	492
壱州	5	51
筑前	2	13
御国	2	15
泉州	1	6
その他	5	31
合計	60	781

る。この表によれば播州船が二四艘で四九二俵、長州船が二一艘で一七三俵、壱州船の五艘で五一俵、以下御国船、筑前船となっている。全部で六〇艘で七八一俵となる。問題は、この「飯米」のみが運上を課せられず、全入港船に「飯米」が積荷されているわけではない。つまり、宝暦四年（一七八四）の対馬藩の府中・厳原港に入港する廻船の艘数が一〇九艘で、そのうちの六〇艘のみに「飯米」が積荷されている。そのため船頭をはじめとする水主たちの「飯米」とも言い切れない。

(ウ) 塩

また、当時の有力な製塩地帯として瀬戸内沿岸の占める位置は大きい。例えば、播州(例えば赤穂藩)、長州(三田尻)などは、その名を全国に広めていた。その播州や長州の廻船が多く対馬藩の府中・厳原港へ入港している。しかも、例えば塩大俵の三、六二四俵のうち長州船、播州船で二、七〇四俵で全購入量の約七五%を占めている。また、塩小俵は三、九〇〇俵が、長州船、播州船で二、八二〇俵で全体の約七二%を占めている。貞享元年(一六五四)から塩の移入量は大幅に増加している。

b 黒砂糖

次に、宝暦四年（一八五四）一〇月から一二月までの三ケ月間に、対馬藩の府中・厳原港に日本各地から輸送されてきた黒砂糖ならびに貿易物資と、その受取人をまとめたものが表五―七である。この表の特徴としては、次の二点があげられる。第一に、公貿易の取引品である胡椒、明礬、丹木はすべて壱州船によって輸送され、その受取人が対馬商人三木喜右衛門と三木喜兵衛である。第二に、私貿易品の一つであるとされる「延銅」が、兵庫船、播州船によってのみ輸送され、その受取人が対馬商人梅野甚助、同平右衛門親子と梅屋平右衛門であること。

表 5-7　貿易品目・船籍・受取人

品目	船籍	数量	受取人
黒砂糖	泉州	1挺	(彦左衛門)
	薩州	80挺	(治右衛門)
	播州	2挺	権藤佐兵衛
	長州	2挺	佐野屋平左衛門
	長州	4挺	西山甚兵衛
	壱州	20斤	のし屋喜右衛門
延銅	兵庫	1,600斤	梅野平右衛門
			梅野勘助
	播州	10,000斤	梅屋平右衛門
胡椒	壱州	(90箱)	
	壱州	半斤1包	三木喜右衛門
明礬	壱州	(30箱)	
		10斤	三木喜右衛門
		23斤	三木喜兵衛
丹木	壱州	(70箱)	
		10斤	三木喜右衛門
	壱州	50斤	三木喜兵衛

(　) = 御物
(出典)『積荷御運上書上帳』(長崎県立対馬歴史民俗資料館所蔵)

表五―七のなかで特に注目すべき物資としては、黒砂糖が上げられる。この黒砂糖は、薩摩藩の最も重要な専売品であった。(41)そのため薩摩藩は、黒砂糖に対して厳しい統制を実施していたのである。(42)表五―七によると、受取人である対馬商人のし屋喜右衛門が受け取った二〇斤は、一斤あたり約四一・六挺とすると、約八三二挺になる。この八六二挺とそれ以外の分の八九挺を加えた全移入量は、九二一挺にのぼる。その九二一挺は薩摩、長州、播州、泉州、壱州の船籍をもつ廻船によって移入されていた。そのうち八〇挺を輸送したのが、薩州船籍の廻船である。そのことを示したのが、次の史料である。(43)

十月四日入船薩州七反帆船頭治右衛門積来り荷物御運上之

覚

一たもこ小　四丸　御運上銀四分

一黒砂糖　八十挺　同四拾匁

右船頭治右衛門

〆銀四拾匁四分

この文言から煙草と黒砂糖が、薩州船によって輸送されていたことがわかる。しかも、その受取人は商人ではなく船頭である。薩摩藩では、船頭、水主などが黒砂糖を一定の限度内で手にいれることが認められていた。[44] つまり、薩州船籍の船頭は薩摩藩内で黒砂糖を仕入れ、自ら受取人になることによって、黒砂糖を対馬藩で販売したのであろう。そのほかの廻船が、黒砂糖をどこで仕入れていたのか定かではない。表五―七に示したように、長州船も数のうえでは少量であるが、黒砂糖を対馬藩の府中・厳原港へ輸送していた。この長州船が黒砂糖をどこで積荷していたかは定かではない。下関には地方市場として多くの物資が集積してきたことをみれば、この長州船は下関で黒砂糖を積荷していたことも十分考えられる。この宝暦四年（一七五四）段階で、既に薩長両藩の経済的結び付きがあったと思われる。また、大坂市場での購入の機会も全くなかったとは言えないであろう。関順也氏によれば、安政六年（一八五九）の時点で黒砂糖は、薩摩藩が大坂市場に輸送する場合と下関市場に輸送する場合とに分けられ、下関へ輸送された黒砂糖は、北前船戻り船や他地域との交易にあてていたとされている。[45] この黒砂糖に関しては、それが朝鮮へ輸出されていた記録は今のところ見いだされない。

この黒砂糖の受取人の一人に対馬藩の代表的商人に佐野屋平左衛門が上げられる。その佐野屋平左衛門は、延宝年間（一六七三―八〇）に泉州佐野の鰯網業主として対馬藩から特別に漁業権を与えられ、廻船問屋を営んだ商人の佐野屋六右衛門の末裔と思われる。[46]

c　貿易物資

(ア) 銅

次に貿易物資についてであるが、それには「御物」と明記して、他の生活物資と区別し、ひとまとめに対馬藩の府中・厳原港へ輸送されていた。このうち「御物」には運上が課けられなかった。この「御物」のなかには、日朝貿易における私貿易で最も重要な取引品の一つである銅も含まれている。その輸出銅の移入高は、表五―七のように宝暦四年

（一七五四）の一〇月から一二月までの三ケ月で一一、六〇〇斤にすぎず、必ずしも多量とは言いきれない。また、この「延銅」一一、六〇〇斤は、兵庫船、播州船の船籍をもつ廻船によって対馬藩の府中・厳原港へ輸送されている。そうしてその「延銅」は、府中・厳原港で朝鮮向けに整えられたと思われる。

対馬藩の府中・厳原港へ輸送された「延銅」の受取人は、対馬商人梅野甚助をはじめその父である梅野兵右衛門と梅屋兵右衛門であることは前述した通りである。この梅野家は、延享三年（一七四六）から天明五年（一七八五）にかけて、対馬藩で朝鮮貿易をつかさどることが認められている「古六十人格」商人であった。この「古六十人格」商人とは、士格をもつ商人で、当初一〇人ではじまった朝鮮貿易商人である。[47]しかも、梅野甚助は、宝暦一三年（一七六三）から明和二年（一七六五）にかけて朝鮮へ輸出する銅の調達に一役買っており、また朝鮮米を船載するいわゆる御米漕船二艘を所有するなど、由緒ある貿易商人であった。[48]

時代は少し下がり、梅野甚助と同時期に銅調達に関わった人物に対馬商人畑嶋最助がいるといわれている。もっとも本史料には、「延銅」の受取人には、畑嶋最助の名前は見あたらない。それは畑嶋最助と梅野甚助が別々のルートで「延銅」を輸送していたのか、あるいはこの段階では畑嶋最助は銅調達に関わっていなかったことかのいずれかであろう。

一方、朝鮮貿易で最も重要な輸出品である銀は、特別に「御銀船」と称される船舶で、対馬藩の府中・厳原港から朝鮮の釜山（倭館）へ輸送されていた。[49]本史料では、銀の記載はない。

(イ) 胡椒、丹木、明礬

日朝貿易のもう一つの形態である公貿易は、定品定量貿易であり、日本から胡椒、丹木、水牛角、銅、錫を輸出し、それを朝鮮が公木（木綿）で買い上げる方式である。[50]その胡椒、明礬、丹木も「御物」として対馬藩の府中・厳原へ移入される場合と、一般の移入品と同様に運上が課けられて移入される場合の二通りがあった。本史料にみえる「御物」は受取人の記載がないが、その商品の性格からして藩が受け取ったものとみられる。胡椒、明礬、丹木の三品は壱州船によってのみ移入され、対馬商人三木喜右衛門、同喜兵衛によって受け取られていることが表五―七からわかる。ちなみに、三木家は、もともと播州出身で麹醸造をはじめとして、酒醸造さらに喜右衛門のとき呉服屋を営みながら、朝鮮貿易に携わっていたとされている。(51) この三品は日本で産出できない物資で、しかも壱州の経済とは直接的な関わりをもたない。壱州船は壱州以外の港でこれらを購入し、対馬藩の府中・厳原港へ移出したものと思われる。壱州船がそれらの積荷をどこで購入したかは本史料では明らかに出来ない。これらの商品はいずれの品も南海産の物資であるところから、壱州船が長崎または薩摩藩に出向いて求めたのか、あるいは大坂市場に持ち込まれたものを購入したのではなかろうか。あるいはまた、下関での購入も十分考えられる。

五 おわりに

幕藩体制における経済発展を考えるとき、社会的分業の展開の度合を一つの指標にすることが出来る。社会的分業が展開するなかで、とりわけ商品流通の問題が、経済発展に大きな影響を与えるといっても過言ではない。つまり、農業を基盤とした社会では、農作物とくに年貢米を中心に特産物の流通が重要な要素になってくる。これらの商品の流通の問題に加えて、それらを輸送する交通機関の問題も重要である。寛文―延宝期（一六六一～一六八〇）と宝暦―天明期（一七五一～一七八八）は、幕藩体制のもとでの経済が大きく揺れた時期であるといわれている。(52) 当初、手工業生産地を周辺に持つ大坂市場へ向けてそれらの物資は運ばれ、そこで換金化され、それを元手に藩内で自給できない手工業製品の購入に充てられた。それによって初めて藩経済は成立した。こうした過程において一方では、輸送手段の開発が行われ、ついに寛文一二年（一六七二）河村瑞賢が新たに海運航路を開拓した。それによってそれらの物資は、迅速にかつ多量に輸送することが可能になった。それは幕藩制的市場経済に大きな影響を与えることになった。その後、その海運を使って多くの物資輸送の結果、商品流通はますます盛んになっていった。右記のことの具体的な一例として、対馬藩の持つ特殊性を含め、対馬藩の海運の問題を明らかにした。

幕藩制のもとで海運の大動脈西廻海運の発展にともない、九州の小藩・対馬藩が朝鮮貿易といった切札を盾に、その取引品の輸送のため多くの廻船を呼び込んだ。また、朝鮮貿易の魅力に引き込まれた各船籍の廻船は、競って対馬藩へ回漕してきた。本章では、生活物資と貿易品の輸送を海運史の問題に絡めて論じてきた。その結果、対馬藩の流通網は、貞享元年（一六八四）から宝暦四年（一七五四）にかけて変化がみられた。つまり、対馬藩は、当初筑前（博多）を中心に生活物資の流通網を形成していたが、宝暦四年（一七五四）には下関を中心にした流通網に変化していった。それは下関が第二次発展段階（寛文・延宝期〜化政期）の時期にあたる。しかし、対馬藩の流通網の変化は、下関の発展とは逆に、対馬藩の府中・厳原港へ入港する廻船の船数の減少といった形で現れた。

一方、朝鮮貿易の視点にたてば、以上のことから貞享元年（一六五四）から宝暦四年（一七五四）に至る間、朝鮮貿易は繁栄期から衰退期にあたる。すなわち、この時期の朝鮮貿易量から見れば、その変化が頗る大きい。特に元禄期（一六八八〜一七〇三）以降、幕府などから多くの借銀が盛んに行われた時期である。[53] 本章で示した史料でも、明らかに朝鮮貿易の衰退傾向がみられる。朝鮮貿易が藩経済に頗る重大な影響を与えたことは間違いなかろう。

最後に、九州における海運研究を考えるとき、長崎貿易、朝鮮貿易、琉球貿易といった三つの貿易口からの取引品の輸送があったことを考慮しつつ、もう一方では、年貢米や特産物などの輸送について考えなければならない事には異論はな

送があったことを考慮しつつ、もう一方では、年貢米や特産物などの輸送について考えなければならない事には異論はないであろう。そうしてこれらの異なった物資の輸送は、九州とりわけ対馬藩の場合、個別に検討していくのではなく、むしろ一体として考察されるべきである。こうした視点にたって、本章では論をすすめた。

(注)

(1) 法政大学出版局、一九七九年四月
(2)「近世交通史関係文献目録」(児玉幸多先生古稀祈念会編『日本近世交通史研究』吉川弘文館、一九七九年一二月) 四七一頁～五五三頁、柚木学「日本水上交通史文献目録」(『続日本海水上交通史 第二巻』文献出版、一九八七年九月) 四四三頁～五〇三頁、細井計編「東北地方水運史関係論文著作目録」(東北史学会編『東北水運史の研究』厳南堂書店、一九六六年六月) 二二二頁、『古島敏雄著作集 第四巻』(東京大学出版会、一九七五年一二月) 一九頁～三六四頁
(3)『東廻海運及び西廻海運の研究』(東北大学奥羽史料調査部、一九四七年四月)
(4)『日本海法史』(巌松堂書店、一九二七年六月)
(5) 古島敏雄「国内市場成立の過程・限界・形態など、あるいはそれの実現していく技術的条件等は全く明らかにされていないのである。運輸交通経済史の任務は、かかる部分の解明にあるといっても誤りではないであろう」と問題提起されている。(『古島敏雄著作集 第四巻』東京大学出版会、一九七五年一二月) 三二頁～三三頁
(6)『近世海運史の研究』(法政大学出版局、一九七九年四月)
(7) 渡辺信夫『幕藩制確立期の商品流通』(柏書房、一九六六年七月)
(8) 金指正三『近世海難救助制度の研究』(吉川弘文館、一九八〇年五月) をはじめ多くの業績があげられる。その業績については註二の「文献目録」を参照。
(9) 東北史学会『東北水運史の研究』(厳南堂書店、一九七二年)、榎森進「松前交易における日本海海運の発展形態」(『日本歴史』第二七五号) 七六頁～八六頁、柚木学『前掲書』(一九七九年) 三三二頁～四一八頁、このほかにも多くの業績があるが枚数に制限もあり、ここでは省くことにする。
(10) 福尾猛市郎『内海産業と水運の史的研究』(吉川弘文館、一九六六年九月)、柚木学『前掲書』(一九七九年四月) 二四八頁～三三一頁、上村雅洋「近世瀬戸内海の商品流通」(一)」(『彦根論叢』第二四〇号) 四七頁～四八頁、同「菱垣廻船再興策と紀州廻船―紀州廻

船の合体を中心に―」（『阪大経済学』第二七号　第四巻）、同「近世瀬戸内海と備前南児島」（『阪大経済学』第三二巻　第二・三号合併）、同「近世瀬戸内海運機能の一考察～讃州塩飽廻船を中心に～」（『阪大経済学』第三三巻　第一・二号）
(11) 柚木学『前掲書』（一九七九年）二四頁～一三九頁
(12) 上村雅洋「前掲論文」（第二四〇号）
(13)『続日本海水上交通史』（文献出版、一九八七年九月）三四三頁～三九四頁
(14)『交通史研究』第一二号、一〇頁～二六頁、そのほかに多くの業績があるがここでは省くことにする。
(15) 野口喜久雄「近世中期北九州海上輸送権をめぐる争論」（『九州史学』第二〇号、一頁～一〇頁
(16)『筑前五ケ浦廻船』（西日本新聞社、一九七六年）、同「廻船浦としての宮浦の実態について」（『福岡県史　近世研究編（二）』西日本文化協会、一九八三年）、同「近世における浦の実態について」（『福岡県史　近世研究編（二）』西日本文化協会、一九八九年）などそのほか多数の業績があげられる。
(17) 拙稿「宗家文庫「毎日記」の分析―対馬―博多の交通を中心に―」（『西南地域の史的展開（近世編）』文献出版、一九八八年一月）三〇八頁～三三六頁
(18) 山口徹「小浜・敦賀における近世初期豪商の存在形態」（『歴史研究』一頁～一六頁、小野正雄「寛文期における中継商業都市の構造」（『歴史研究』二四八号）、竹内誠「近世前期の商業」（『流通史Ⅰ』山川出版社、一九八六年五月）一五六頁～一五九頁
(19) 小林茂「近世下関の発達とその歴史的意義」（『下関商経論集』第六巻　第二号）三五頁～八〇頁、同「幕末期下関と北前交易」（『社会経済史学』第三二巻　一号）一頁～三〇頁、関順也「長州藩からみた薩長交易の意義」（『山口経済雑誌』第七巻　一〇号）五一頁～七二頁、同「近世港町の発達とその転換過程」（『東亜経済研究』第三六巻　第三号）二三頁～五一頁、田中彰「幕末薩長交易の研究（一）（二）」（『史学雑誌』第六九編　第三号・四号）、藤本隆士「鯨油の流通と地方市場の形成」（『九州文化史研究所紀要』第二号）一二五頁～一五四頁
(20)『地方史研究』五八、第一二巻四号
(21) 機関誌『交通史研究』を発行
(22)『経済社会の成立（日本経済史1）』（岩波書店、一九八八年一一月）に代表される。
(23) 長崎県立厳原歴史民俗資料館所蔵『宗家文庫史料』、以後史料の指示がない限り、この史料によるものとする。
(24) 柚木学「海運史料としての入船帳と客船帳」（『交通史研究』第七号）三二一頁
(25) 上村雅洋「前掲論文」（『彦根論叢』第二四〇号）四九頁

(26)柚木学「前掲論文」(『交通史研究』第七号三二頁)
(27)『博多津要録　第一巻』(西日本文化協会、一九七五年三月)三〇六頁に次のような史料がある。
一、伝道船九艘
但し、壱艘ニ付三人乗、船共ニ四人、四月廿四日ゟ同廿七日之昼迄、夜昼七日分
此賃銀五百三拾二匁
この文言から乗組員が四人乗りの小規模船舶であることがわかる。
(28)柚木学『前掲書』(一九七九年)二一九頁〜二二一頁
(29)柚木学『前掲書(一九七九年)二一七頁
(30)柚木学『前掲書』(一九七九年)二二一頁
(31)柚木学『前掲書』(一九七九年)四一三頁
(32)御国船は対馬藩の廻船
(33)下関は、当時「赤間ケ関」と呼ばれることも多く、また史料のなかにもこの両方の名称が使われている。ここでは今日常用されている「下関」をもちいた。
(34)小林茂「近世下関の発達とその歴史的意義」(『下関商経論集』第六巻第二号)三五頁〜七七頁
(35)『福岡県史　近世史料編(八)　福岡藩御用帳(一)』(西日本文化協会、一九八八年一二月)九九頁
(36)『長崎県史(史料編)第二』六一五頁
(37)「安政二年乙卯年より　御商売之品々大坂登朝鮮渡書上帳」(長崎県立対馬歴史民俗資料館『宗家文庫史料』)
(38)『通航一覧続輯　第一』(清水堂出版、一九六八年四月)一六五頁
(39)拙稿「前掲論文」三一九頁〜三二九頁
(40)鶴田啓「天保期の対馬藩財政と日朝貿易」(『きんせい』第八号)、六〇頁〜七九頁
(41)『鹿児島県史　第二巻』(鹿児島県、一九四〇年七月)三九四頁〜四〇二頁
(42)原口虎雄「薩摩藩の砂糖」(『日本産業史大系八(九州地方編)』(東京大学出版会、一九六〇年九月)七四頁〜一〇五頁
(43)「積荷物御運上書上帳」
(44)原口虎雄「前掲論文」(一九六〇年)八六頁
(45)関順也「前掲論文」(第七巻　一〇号)、五八頁〜六二頁

（46）宮本又次「対馬藩の商業と生産方」（『九州文化史研究紀要』第一号、二〇頁）
（47）田代和生『近世日朝通交貿易史の研究』（創文社、一九八一年二月）二二五頁～二三四頁
（48）田代和生『前掲書』（一九八一年二月）二一九頁～二二〇頁
（49）田代和生『前掲書』（一九八一年二月）二一三頁～二一八頁
（50）『通航一覧』第三、巻百二十六、四七四頁～四八二頁
（51）『対馬人物志』（村田書店、一九七七年九月）二九二頁～二九九頁
（52）小野正男「寛文・延宝期の流通機構」（『日本経済史体系三　近世上』（東京大学出版会、一九六五年六月）三五一頁～三八一頁、大石慎三郎他『日本経済史論』（お茶の水書房、一九六七年四月）九三頁～一〇二頁
（53）拙稿「対馬藩の貿易資金調達について」（『西南地域史研究（六）』（文献出版、一九八八年四月）

第六章　博多における対馬藩蔵屋敷について

一　問題の所在

対馬藩と福岡藩との関係は、歴史的にすこぶる重要かつ古いものであった。このことは中世において対馬と博多が、朝鮮貿易を媒介として深い関係にあったことから容易に理解できる。つまり、朝鮮貿易の取引品の流通は、朝鮮―対馬―博多―赤間関―兵庫―国内市場のラインと、琉球―薩摩―博多―対馬―朝鮮のラインがあり、対馬と博多がその中心をなしていた。(1) ただ、対馬と博多の関係は平安時代末期から始まっていたが、ここでは中世末期ころからを考察の範囲とする。

博多は、秀吉の手によって天正一五年（一五八七）に町割りが行われた。所謂太閤町割である。その際、七小路の一つに対馬小路の町名がみられる。(2) この対馬小路の名前の由来は、ここに対馬藩の蔵屋敷があったことによるとされている。(3) その蔵屋敷は「対州屋敷」と呼ばれていた。(4) ちなみに、対馬藩はこのほかにも、江戸、京都、大坂、長崎、田代（対馬藩領）、勝本（平戸藩領）に、蔵屋敷や御茶屋などを設けていた。(5) しかし、その実態はこれまで明らかにされることがなかった。博多の対州屋敷が対馬藩の支配機構のなかで、あるいはこれらの屋敷のなかでどのように位置づけられるのか重要なことである。これらのうち対馬藩の飛地である肥前田代領（基肄郡、養父郡）(6) と対州屋敷は密接な関係にあった。つまり、田代領は対馬藩にとって米の供給地であり、その米の積出港が博多であった。これらのことから本来、対州屋敷を論じる際、この田代屋敷との関係を明らかにしないまま論じることはできない。田代屋敷については別の機会に譲ることにし、ここではこの対州屋敷に絞り論じることにする。つまり、対州屋敷がいつ建てられ廃止されたのか、どこに位置していたのか、また対州屋敷の責任者である「博多役」[7]の名前とその人の身分など詳しいことは明らかにされていなかったことから、本章ではこれらの点について明らかにすることを第一の目的としたい。

第二の目的は、この対州屋敷の性格づけを行うことである。つまり、対馬藩と福岡藩は対州屋敷を通じて経済関係を展開していた。この経済的関係とは朝鮮貿易を通じての関係、生活物資の需給関係のことである。伊藤小左衛門の密貿易事件以前、対馬藩と福岡藩の関係は朝鮮貿易を媒介としていたと言えるが、その後は新たな関係を構築していった。物資の乏しい対馬藩にとって福岡藩は、重要な生活物資の供給地としての地位を確立していった[8]。そうしたなか地方市場として下関が新たな生活物資供給地として台頭してきた。つまり、朝鮮貿易の盛衰のなかで、対馬藩は下関と新たな関係を構築していくことになり、博多は対馬藩との関係が以前ほど密接なものでなくなってきた。その下関は国内の市場構造において海運の発展とともに、地方市場として著しい成長を遂げてきた[9]。博多と対馬藩の経済的関係は、地方市場・下関の発展と関連しながら、その盛衰を考察する必要がある。ここでは対馬藩が移入する米、醤油などの生活物資の実態と、対馬藩にとって代表的な移出品であり、福岡藩にとっても貴重な移入品である「薪」の実態を明らかにする。つまり、福岡藩が対馬藩にとって経済的にどのような役割を果たしたかについて言及することにする。

その他に対馬藩と福岡藩との接点としては、朝鮮通信使との関連があげられる[10]。つまり、福岡藩は、朝鮮通信使の江戸参府に際して、宿泊施設である有待邸のある相島を支配していた。福岡藩は藩の面子と幕府への忠誠にかけて通信使を歓迎しなければならなかった。いずれにしても対馬藩の藩経済は、福岡藩を抜きにして論じることは出来ない。

福岡藩（博多）の対州屋敷について森山恒雄氏は、「対馬藩」[11]のなかで若干触れいてる。このほかには対馬藩の藩政に関する研究として、伊東多三郎氏の「対馬藩の研究」[12]、檜垣元吉氏の「対馬藩寛文の改革について―大浦権太夫の失却―」[13]、「対馬の史的研究」[14]、田中健夫氏の『対外関係と文化交流』[15]、鶴田啓氏の「天保期の対馬藩財政と日朝貿易」[16]などがあるが、いずれも福岡藩に設けられた対州屋敷が藩政のなかでの位置づけなどについてはほとんど触れていない。最近では考古学からのアプローチも試みられており、その成果は貴重なものと言える。[17]

対州屋敷に関する史料として『通航一覧』、「賀島兵介言上書」（『日本経済叢書 巻二十六』）などがあげられ、そのなかで若干記されている程度である。長崎県立対馬歴史民俗資料館所蔵の『宗家文庫史料』には、「毎日記」[18]と言われる所謂「日記類」とそれから作成された「記録類」に分類でき、そのなかに「対州屋敷」の記述は散在しているものの、克明に記されたものは極めて数少ない。そのなかにあって「対州屋敷」について記されているものに本章で依拠した「毎日記」をはじめ「勝本・博多・田代」（寛永十二年乙亥年ゟ寛延四辛未年迄）、「長崎、田代、博多、其外諸国　状之跡付」（承応元年より二年）、「諸書付控」（御郡加役方）、「御倹徳ニ付京都博多勝本御屋敷被廃御届向之覚書」（寛政元巳丙年、表御書札）がある。また、対馬藩へ生活物資を供給することを記した史料として「毎日記」[19]、「積荷物御運上書上帳」[20]などがあげられる。

二　対州屋敷の成立

対馬藩の対州屋敷は、通説では福岡藩における商業の中心地である博多に、慶長年間（一五九六〜一六一四）に建てられたことになっている。[21]その対州屋敷が設置された年について、対馬藩の藩政史料『宗家文庫史料』から検討を加えることにしよう。寛永一八年（一六四二）の「御留守中之日々記」に次の文言がある。

一　此屋敷之儀も、長政様之御代ニ義智御所望ニ付被遣置候事
一　右之子細ハ、田代表ゟ津出之砌、荷馬を繋蔵入之米又ハ濱出之米等、対馬船等往来之時、船道具置所為彼是得御意置候事

これから第一に、対馬藩の初代藩主義智が福岡藩主長政に所望して、対州屋敷が設置されたこと、第二に田代からの米などを博多の対州屋敷の蔵へ入れたり、またそれらを浜から積み出したりするために往来している対馬船などの船道具を置くためであったことがわかる。ただ、右の文言のなかで「被遣置」れたのは、義智の代なのか明らかではない。そこで次の『宗家文庫史料』を見ることにしよう。(22)

義智様御代ニ御所望被成候哉、義成様御代ニ被仰給候様子黒木惣左衛門、中原持之助年老故相尋候処、惣左衛門被参候て被申候旨、義智様御代田代御領地拝領之時分、御蔵屋敷御所望被成候、又候や米津出候ニ付、人馬休ミ所ニ、本屋敷之前ニ屋敷壱ヶ所御所望被成候、黒田長政御代御所望被成候

本史料は、対馬藩当局が蔵屋敷を所望し、二代藩主義成（元和元年〈一六一五〉～明暦三年〈一六五七〉）のとき貸与された経緯を年老いた家臣に尋ね、調査したところ、義智が肥前田代（基肄郡、養父郡）を拝領する際、蔵屋敷と米の積み出しに関わった人馬の休息所の二つを黒田長政に貸与してもらうように要請したことを明らかにしている旨の文言である。義智が家康から田代領を拝領するのは慶長四年（一五九九）正月であるところから、(23)この史料が同年以降のものであることがわかる。黒田長政は慶長五年（一六〇〇）一二月に福岡へ入部しており、その後義智から上記に見えるような屋敷の拝借願いが出されていることになる。それは秀吉が死去し、家康が政権の主導権を把握する時期で、政局が混沌としていたときにあたる。対馬は朝鮮貿易の道であり、長政にとっては博多が朝鮮貿易で繁栄した歴史をもち、これまで以上に朝鮮貿易の活発化を期待していたことから、対馬への一つの足場として屋敷の貸与を認めたものと思われる。これが藩政期

の対州屋敷のもとではなかろうか。しかし、「嶋井文書[24]」によれば、天正一六年（一五八八）に宗義智が宗室の家に止宿していることが記されており、この年まで宿泊できるような宗氏の屋敷は存在していなかったのではなかろうか。たとえ黒田藩政以前に蔵屋敷があったとしても、物資の雨風による被害をさける程度の構えであったと考えられる。

福岡藩の初代藩主黒田長政は、福岡に慶長五年（一六〇〇）に中津から入部し、元和九年（一六二三）まで藩主であった。それに対して宗義智は、天正七年（一五七九）から元和元年（一六一五）まで藩主（島主）として在位していた。この間に義智は、長政に屋敷の拝借を要請していた。そうして義成が元和元年（一六一五）に幼少で藩主に就封し、明暦三年（一六五七）までの長期間に渡り、その任についていた。このことから元和元年（一六一五）から同九年（一六二三）の間に、長政から屋敷を拝借することができた。なお、寛政九年（一七九七）幕府の巡検使に対して、対馬藩は「博多江屋鋪二ヶ所有之、黒田長政ゟ先祖義智借請之屋敷ニて候、慶長之頃ゟ設置候[25]」と答えている。対州屋敷が設置された年代を特定することは難しい。しかしながら、これまでの検討の結果、対州屋敷の設置は、実際は慶長五年（一六〇〇）以降に懇願し、元和年間（一六一五〜一六二三）に実現したことになる。

家康は慶長五年（一六〇〇）に関ケ原の戦いで勝利を収め、同八年（一六〇三）には政権につき、同一四年（一六〇九）には徳川政権が対馬藩を仲介として朝鮮と己酉約条を締結した。それと同時に、この時期は朝鮮出兵の余波で朝鮮貿易が再開されておらず、その再開をめぐって対馬藩にとって多忙な時期であった。その一方で対馬藩は、藩内外の状況が安定してくるのを待つことなく対州屋敷の設置を長政に要請したものと考えられる。つまり、博多の対州屋敷のもつ価値は、「其地之儀ハ田代之位置も素り、江戸表、上方筋書状之取次ホ御用繁キ節茂有之[26]」とあるように、重要な交通の拠点としてすこぶる大きかった。そうして元和元年（一六一五）から同九年（一六二三）までの八年の間にそれが実現した。

次にこの対州屋敷があった場所について検討することにしよう。この屋敷があった所を知る方法として、古図からの視点、考古学からの視点、文献からの視点の三つがある。

第一に博多古図については、現在残っているものも多くあるが、その中には信憑性の評価が分かれているものもある。いずれにしても博多古図に見える共通点は、対州屋敷のある場所が沖濱と言われる所に記されていることである。[27]その沖濱についてはいろいろ議論されているが、ここではその沖濱に対州屋敷があったとすることに注目したい。ただ、慶長年間（一五九六〜一六一四）[28]、正保年間（一六四四〜一六四七）[29]、元禄一四年（一七〇一）[30]、宝暦一二年（一七六二）[31]頃のものと思われる博多古図に沖濱は記されていない。その理由は次の考古学による業績によって明らかにすることができる。

第二の考古学からのアプローチとしては、昭和五二年（一九七七）から今日に至るまで継続している福岡市埋蔵文化財センターによる博多遺跡群の発掘調査があげられる。[32]その調査結果によれば沖濱は、東西を三笠（石堂）川と那珂川に仕切られ、北側は現在の福岡市立博多中学前の対馬小路と須崎町、古門戸町の間の道を三笠（石堂）川まで、南側は明治通りぐらいまでのかなり広い地域であることを明らかにしている。また、同センターの報告によれば、正保年間（一六四四〜四七）に沖濱の砂浜であったラインまで確認できる。[33]ちなみに、沖濱は砂丘から成り立ち、一一世紀後半から一二世紀初頭にかけて博多濱と結ばれたことが明らかになっている。[34]つまり、慶長年間以降の沖濱は博多濱と陸続きになっており、この時代以降の沖濱は消滅していた。そのため慶長年間以降の古図には沖濱は描かれていない。

第三の文献から沖濱を特定することは難しい。ただ、筑前の一七世紀後半から一八世紀初めにかけて活躍した貝原益軒の『筑前國続風土記』には、「今は袖湊の入海もことごとく人家となり、北の海浜も築出して、其地甚廣まれり。今を以入海より此の地を見れは、昔の奥の濱に倍すへし」[35]と記している。また、『筑前名所図絵』の著者奥村玉蘭は、「冷泉の津より陸を守護領といい、海手を奥濱といふ、（中略）、むかし此所は海濱の白砂にて」[36]と記している。つまり、一八世紀後半には、海手の方を沖濱という名称で呼んでいたことがわかる。

対馬屋敷が中世の沖濱の位置に含まれことから、考古学研究による沖濱の意義に注目したい。

このように見てくると沖濱は正保年間（一六四四～四七）には、今日の福岡市立博多中学前の南側あたりまで埋め立てられていたが、沖濱の名称は一八世紀頃までは使用されていたものと思われる。

この沖濱にあったとされる対州屋敷があった場所は、考古学の成果を踏まえ、ほぼ次の所と思われる。今日の博多中学前の南側より幹線道路を挟んだ対馬小路と須崎町、古門戸町の一帯のある場所に位置していたものと思われる。

その後、黒田氏の藩政下のもとで、この対州屋敷が存在していたことが『宗家文庫史料』によって確認できるのは、寛永一八年（一六四二）の「博多御屋敷是迄之通被差置候付長屋或ゟ塀など被付」[37]とある文言によってである。このように同年に対州屋敷の存続が決定され、その際に屋敷や塀の増築が行われている。寛永一八年（一六四一）は長崎口を中心とする所謂「鎖国」体制が確立された年にもあたる。従来の貿易基地博多のもつ存在は、それと同時に消失することが決定的となったといってもよかろう。しかしながら、所謂「鎖国」体制が確立された年に対馬藩が、博多の対州屋敷の存続を決めたことは対馬藩にとって、博多のもつ価値は従来通り大きかったからにほかならない。その理由は、第一に通信使の問題であり、第二に物資の供給問題である。

ところで、この対州屋敷は寛文一一年（一六七一）には、次のような状況に変化しているのである。[38]

博多御蔵屋敷前之濱之小屋敷、博多町奉行長濱四郎右衛門方より小嶋弥平右衛門江被申聞候ゟ、只今空地ニ見へ候御入用ニ無之ハ御返被下候得し被申付、（後略）

これによれば博多町奉行長濱四郎右衛門より対州屋敷の責任者である博多役の小嶋弥平右衛門に、蔵屋敷の前の小屋敷があった所が現在空き地になっており、必要がなければ返却をしてほしい旨の文言である。この件については、後年になって両藩で食い違いが起こっていたようだ。いずれにしても博多と対馬藩の間には、以前のような密接な関係は陰をひそめ、その存在価値を大きく変化させていった。つまり、寛文七年（一六六七）に伊藤小左衛門の密貿易事件が発覚し[39]、これまでの朝鮮貿易を媒介とした対馬藩と博多の関係が急速に衰えていった結果と思われる。

次に対州屋敷の役人構成について触れると、元和年間（一六一五～一六二三）に対州屋敷の確認はできるが、博多役の就任が確認できるのは正保初年頃からである。その博多役に付いた人物名やその年月、位階などは、表六―一の通りである。これは長崎県立対馬歴史民俗資料館所蔵の『宗家文庫史料』の「田代・博多・勝本」をベースに、「諸書付控」、「長崎、田代、博多、其外諸国　状之跡付」（承応元年より二年）、それぞれの役格は同所蔵の「太古馬廻役御奉公帳」（全二冊）、「御馬廻（奉公帳）」（二冊）、『太古大小姓御奉公帳』（全五冊）、「大小姓（奉公帳）」（二冊）から作成したものである。ただ、表六―一からわかるように博多役の在任期間が長期になっている場合がある。これはこの間に博多役に就任した者がいると思われる。その際、前任者の蘭は「不明」にしている。それは前任者の交代を史料のうえで確認ができなかったためである。一方前任者の欄で、前任者の名前が記入されていない場合は、前任者と新任者との交代が明らかなときである。貞享二年（一六八五）の次の欄の加納牧兵衛やその次の大浦新左衛門の就任年月は不明である。ただ加納牧兵衛の元禄五年（一六九二）は史料のうえで在任が確認できた年である。このようにこの表が博多役を完全に網羅しているとは言えない。

この表六―一からわかるように、正保四年（一六四七）に博多役の交代が史料のうえで初めて管見される。それは津江金太夫から清水杢助への交代のときである。津江金太夫や清水杢助の就任年やその位階は明らかではない。ただ、博多役の任期は、表六―一からほぼ二、三年であるところから、津江金太夫は正保一・二年（一六四四・五）に任命されたと思われる。

博多役には主に大小姓が就任していたが、時には馬廻役の者が就任することもあった。例えば、寛文一一・一二年（一六七一・二）、延宝四年（一六七六）には馬廻役の者が就任している。寛文一一・一二年は、対馬藩内の「寛文の改革[40]」の後始末で藩全体が大きく揺れていた時期にあたり、そのような時には馬廻役のものが抜擢されたものと思われる。元禄

表 6-1　博多役（博多代官、博多蔵屋敷番）

年　代	前任者	新任者	役格	備　　考	手　　代
	不明	津江金太夫			
正保４年（1647）	津江金太夫	清水杢助			
	不明	人見多衛門			
承応元年（1652）	不明	黒木五左衛門			
		井田五郎右衛門	大小姓		
万治３年（1660）		高嶋弟左衛門	馬廻	寛文13年11月大小姓から記述	
寛文２年（1662）		吉賀金太夫	大小姓		
寛文６年（1666）		内野新左衛門	大小姓		三浦又兵衛
寛文９年（1669）		小嶋弥平左衛門	馬廻	延宝８年８月隠居	大浦平茂
寛文 11 年（1671）		岩崎喜兵衛	馬廻	延宝８年８月隠居	藤松三郎左衛門
寛文 12 年（1672）		幾度甚左衛門	馬廻		
延宝２年（1674）					小山田縫右衛門
延宝３年（1675）					唐沢嘉兵衛
延宝４年（1676）		鈴木三太夫（三郎左衛門）	馬廻	1月8日、同年田代ニ相果	
延宝４年（1676）		野田平左衛門	大小姓	11月28日、延宝5年隠居	
延宝４年（1676）		岡部孫太夫	大小姓		
延宝４年（1676）		梯傳右衛門	大小姓	12月25日、延宝9年馬廻	
延宝４年（1676）		西山小左衛門	大小姓		
延宝５年（1677）					江嶋伊兵衛
延宝６年（1678）	西山小左衛門	好見杢之允	馬廻	辞退	佐々木惣右衛門
延宝６年（1678）		吉村藤兵衛		好見杢之允の代わり	
天和元年（1681）		山田兵左衛門	大小姓		青柳少弐
天和２年（1682）		原熊之允	馬廻		大石五郎左衛門
天和　３年（1683）		山川権八	大小姓		高木弾助
貞享　２年（1685）		佐々木笹右衛門	大小姓	巳年９月交代（元禄２年）	
元禄　５年（1692）	不明	加納牧兵衛			
	不明	大浦新左衛門	大小姓		
元禄８年（1695）	大浦新左衛門	田代沢右衛門	大小姓		
元禄 10 年（1697）		古川権六	大小姓	同年８月７日博多ニて病死	
元禄 12 年（1699）		岡山五左衛門	大小姓		
元禄 16 年（1703）		賀嶋久之允	大小姓		
宝永２年（1705）		山田半右衛門（平蔵）	大小姓		
宝永４年（1707）		高木弥次右衛門	馬廻		
宝永６年（1709）		永野佐五右衛門			
宝永８年（1711）		竹森平佐衛門（一頗）	馬廻		
正徳４年（1714）		米田惣衛門			
享保３年（1718）		西山庄左衛門	大小姓		
享保７年（1722）		河内益右衛門			
享保 11 年（1726）		堀　弥右衛門	大小姓		
享保 14 年（1729）		嘉瀬平内			
享保 16 年（1731）		国部留平衛	大小姓	病死	
享保 18 年（1733）		橋倉式左衛門	大小姓	12 月 18 日江戸勤務	
享保 18 年（1733）		吉永文之進（数馬）	大小姓	伊藤文之進	
享保 20 年（1735）		竜田（立田）雲八	大小姓		
元文２年（1737）		森　八郎兵衛	大小姓	奥田友之進	
元文４年（1739）		唐坊洵右衛門	大小姓		
寛保２年（1742）		大浦伊助	大小姓	病気再発、解任	
寛保３年（1743）		古川権右衛門	大小姓	病死	
延享２年（1745）		立花源左衛門	大小姓		
延享５年（1748）		山口兵蔵	大小姓		
寛延３年（1750）		山口兵蔵	大小姓	再任	
寛延４年（1751）		原田与次右衛門	大小姓		
宝暦　９年（1759）	不明	三浦籾之助（弾右衛門）	大小姓	同年隠居	
明和　９年（1772）	不明	宮川左平太	大小姓		
安永　９年（1780）	不明	山野兵蔵			
天明　４年（1784）		脇田宇衛門			

出典）『積荷御運上書上帳』（長崎県立対馬歴史民俗資料館開（近世編）』

一二年（一六九九）に博多役に就任した古川権六が病死した後、「彼地役人無之候ても御用差閊候間、急相仕廻罷越候様[41]」とあり、元禄期（一六八八～一七〇三）には対州屋敷の博多役は、まだ必要であったことを示している。しかも元禄一六年（一七〇三）に賀島久之充が博多役に就任する際、対州屋敷に勤務するものたちの服務規定が初めて文書化されている。

そうして最後の博多役については、天明四年（一七八四）の脇田宇衛門までしか明らかにすることができない。このことについては後述することにする。

そのほか対州屋敷の役職名、人数、構成などは、明らかにすることができなかった。ただ、明和九年（一七七二）に博多役に任命された宮川佐平太のときは、「附人二人、下働之もの二人、自分家来二人　〆七人程相詰[42]」ていた。この時期は徳川政権の中葉にあたり、対州屋敷がその価値を低下させていた時期であり、常にこの時期の人数で構成されていたとはいい難い。むしろ、この人数より多くのものが常駐していたものと思われる。それは『通航一覧』に「頭役一人、上下七人、附人三人、大小姓一人、人夫五人[43]」と記されていることで裏付けられる。

この表六―一に記載してある九名の手代以外は、史料のうえでは明らかにできなかった。延宝二年（一六七四）の小山田縫右衛門は、同五年（一六七五）の江嶋伊兵衛に、同六年（一六七六）の佐々木惣右衛門から同八年（一六八〇）に青柳勝蔵と引き継がれている。ただし、江嶋と佐々木との間で、引き継ぎが行われていたかは明らかでない。また、その仕事内容も明らかにすることができない。このほかに博多屋敷御門番といった役職があり、享保一一年（一七二六）にそれに対馬藩の由緒ある商人とされている六十人格商人三嶋長三郎が任命されている。その際、六十人格は解かれている。六十人格商人をわざわざ任命した要因があったかは定かではない。ただ、博多屋敷御門番の仕事内容から六十人格商人を任命したことは十分理解できる。その点について、次節にゆずることにする。

最後に博多役の役料については、元禄一一年（一六九八）には、「博多御敷古川権六役料之儀、田代役加嶋権八同前三拾石被仰付(44)」とあり、田代役と同様に博多役にも三〇石が与えられていた。これは田代役と博多役が対等な関係であったことを現しているといえる。このことは対馬藩にとって博多が、飛地であり米の生産地でもある田代と同じ価値を有していた証であろう。

三　対州屋敷の性格

宮本又次氏によれば蔵屋敷とは、「単に蔵米払い下げの機関であり、また蔵物としての各種特産物の売りさばき機関であったのみならず、借金銀大名貸調達の出先機関であった外に、各種の行政事務的な機能をも発揮した(45)」と定義づけている。その職責などは各藩において相違がみられるが、その中心的な仕事は蔵米の売買であった。

ところで、博多に設置された対州屋敷は蔵屋敷とも称されていたが、その実態はこれまで明らかにされていない。その対州屋敷は、他の蔵屋敷とは違いが見られる。対馬藩は米の生産が極めて少なく、藩外から移入しなければならないといった特徴を有していた。その米の移入先は対馬藩の飛地である肥前田代領と朝鮮であり、対馬藩はとりわけ田代米に依存していた(46)。この田代米の積出業務を行っていたのが対州屋敷である。それは次の「田代博多往復書状控」によって明らかにできる(47)。

一筆致啓上候、当年御年貢米壱番船去ル二日初仕出し申付、今日迄壱艘前仕出相済俵高参千五百俵宰領御弓久右衛門申付、御米蔵方江送渡申候、此段為可申上如斯御座候、恐惶謹言

この文言は田代領の役人から対州屋敷の役人宛の書状である。これによれば田代領の年貢米三五〇〇俵を本国の米蔵方へ送り渡したことを旨としたものである。年貢米の輸送には、一番船、二番船と順番を付けていたことがわかる。こうし

て田代領の年貢米は、田代―博多―府中（厳原）といったコースで輸送されていた。

米以外にも貴重品扱いされていたものに大豆がある。(48)その大豆に関して「対州屋敷」の性格を示しているのが、次の文言である。(49)

大坂、博多、大豆之相場を両所之御蔵屋敷江出入りいたし候町人より、大豆上中下之値段之高下相改め候度々ニ書付置き、其書付を壱ヶ月ニ一度宛御蔵屋敷江差出し候様ニ御代官ゟ被頼置（跡略）

つまり、大坂、博多の蔵屋敷に出入りしている町人にそれぞれの大豆相場を記録し、一ヶ月一度それぞれの蔵屋敷に提出することを依頼した主旨の文言である。このようにとりわけ博多の対州屋敷に出入りしている町人を通じて、大豆相場の情報を収集していたことが分かる。対馬藩は朝鮮貿易の場合も大坂の相場に応じて、早急に朝鮮から物資を輸入することが多々みられる。対馬藩は相場の動向が藩経済に大きな影響を及ぼすことを熟知していたものと推測される。こうしたことから対州屋敷が、経済情報の収集のための前線基地としての性格を持っていたと思われる。

次に米以外の生活必需品の取り扱いについてである。対馬藩は、米以外の生活物資も藩内で自給自足できないため、藩外にそれらを求めなければならなかった。とりわけ、その需要先は主に福岡藩であった。対馬藩には多くの生活物資が移入されていたことを示しているのが表六―二である。そのうち筑前船が筑前で仕入れたものは、米、塩、醤油など生活物資であった。ちなみに、筑前船が府中・厳原港に入港した船数は、貞享元年（一六八四）において二三一艘で、同年の全入港数九〇三艘の約四分の一であった。そのうち二三艘が筑前で物資を仕入れていたのである。(50)この二三艘は史料で確認できるものだけで、実際はかなり増えるものと思われる。それが宝暦四年（一七五四）になると筑前船は三艘に激減する。(51)同年には府中・厳原港に入港した船数も一〇九艘とこれも減少しており、(52)朝鮮貿易の衰退が影響しているものと思われる。それに代わって台頭してくるのが播州船（三六艘）や長州船（二七艘）であった。ただ、長州船の場合は、下関周辺の船を含めると四〇艘にものぼる。(53) こうしたことから朝鮮貿易の衰退と地方市場下関の発展が、対馬藩と福岡藩の関係に大きな影響をもたらしているといえよう。

一方、対馬藩から移出される物資は厳しい規制を受けていたが、その中にあって重要な移出物資の一つに薪があった。その薪の移出先が福岡藩、播州であった。対馬藩は、薪積船の規模を元禄一〇年（一六九七）に運上の掛け方によって一五反帆以下を小船とし、それ以上を大船と定めた。(54) その後の薪の移出状況は、宝永二年（一七〇五）の船数一五六艘、薪〆高は一二万二、六〇〇〆、同三年（一七〇六）は船数が二三六艘、薪〆高が一九万七、〇〇〇〆、同四年（一七〇七）は二五六艘、薪〆高二二万二〇〇〆と薪の伐り出しが三年あまりで倍近くにまで増加している。(55) このことから対馬藩の薪事情は伐り出し過ぎのため、かなり悪化していたことと思われる。こうした背景から対馬藩は、宝永五年（一七〇八）八月に一年間に薪を積載する薪積船の艘数を一三四艘、薪〆高が一一万八、七五〇〆と規定した。(56) 薪積船として対馬藩が認めていたのは、御国船、勝本船、筑前船、大坂船のみであった。そのうち御国船は七九艘、勝本船（一八艘）、筑前船（二八艘）、大坂船（五艘）、そのほかに四艘である。(57) その割合は、筑前船は全体の二〇・九％（二八艘）、御国船五九％（七九艘）、勝本船一三・四％（一八艘）、大坂船三・七％（五艘）である。

しかし、宝永五年（一七〇八）の一月から一二月七日迄の薪積船は一九四艘で、実際はその規制は守られていなかった。(58) そうしたなか『宗家文庫史料』によれば、享保二年（一七一七）三月に薪積船の艘数や薪の〆高の規制が強化されたことがわかる。それが次の文言である。(59)

薪〆高拾壱万八千七百五拾〆　　船数百廿四艘
　右者宝永五年二相究候船数并薪〆高如此
内薪〆高七万六千四百廿拾〆　　船数七拾弐艘

表 6-2 ①（貞享元年）移入品目とその数量①

品目	1	2	3	4	5	6	7	8	9	10	11	12	合計	備考
米（俵）	1,986	3,143	944	670	2,865	712	619	2,218	4,293	6,070	2,867	6,065	32,452	
餅米（俵）					30		5	25				250	310	
籾糠（俵）												90	90	
ぬか（俵）										185	50		235	
麦（俵）		125			118	340	360	533	125	58	10		1,669	
小麦（俵）		50		10		59	10	2	11	10		7	159	
大豆（俵）							2					15	17	
小豆（俵）	25	30			91	10	10	29		10			205	
角豆（俵）								17					17	
素麺（櫃）				32	35		＊25 9	10					86	＊25桶
塩（俵）	2,595	1,586	210	650	3,490	2,150	2,010	16,191	3,390	200	550	1,780	34,802	
醤油（樽）	120	217		130	241	9	120	232	＊60 198	＊100		67	1,334	＊160丁
酢（樽）		45	＊3 5	20	137	70	178	＊14 85		＊62 2		59	599	＊111丁
七嶋（俵）（枚）			20		200			8		＊5	＊6		308	＊11束
筵（枚）	950	820	＊20 1,500	350	1,600	1,130	＊10 500	2,280		350	＊4 100	1,560	11,140	＊34束
藁（枚）	200		430		5			520	200		90	190	1,215	
小縄（束）									66				66	
畳（帖）	50		90	30	112	240		60	110		40	20	752	
畳表（枚）		50		45	30		50						175	
炭（俵）				300									300	
油（樽）						18	13					4	35	
種油（樽）												7	7	
油空樽（樽）		6,490	640	＊200									7,130	＊200挺
油樽（丁）			40										40	
木綿（丸）					1,005								1,005	
茶		45本		8俵		13俵		8本		12俵		6本 41本	33俵 94本 6丸	
紙（丸）	41	23	17	18	62	27	23	20	8	15	5	53	312	
わた（丸）										5			5	
くり綿						4本				20丸				
はん木（挺）		230		220			650	1,540	80				2,720	
大竹（本）								950					950	
小竹（束）							70	72					142	
竹（本）				800	200							30	1,030	
灰（俵）	2,150	1,460	25	45	100				430		300		4,510	
苧		5	＊3 2					8					18	＊32把
苫（枚）	400												400	
瓦（枚）	7,700	2,800	1,800	4,300	7,035	2,830		8,350	10,150	3,500			48,465	
こんにゃく玉（俵）								5	4				9	
水瓜						100	2,950	610					3,660	

表 6-2 ② （貞享元年）移入品目とその数量②

品目	1	2	3	4	5	6	7	8	9	10	11	12	合計	備考
瓜						1,000	1,500							
菰（束）					30									
九年母								5	1,000	＊1,300 36	36	30	1,107	＊1,300箇
蜜柑										＊13,500 55	79	107	241	＊13,500箇
梨子								500					500	
砂糖（樽）		＊5				＊5 21		5					26	＊5丸＊5桶
黒砂糖（桶）							1 ＊9			1	10		12	＊9樽
鍋		320											320	
鉄鍋（箇）									20				20	
釜		90											90	
大水かめ							10						10	
銀（貫）									100				100	
銅（貫）							100,000						100,000	
銭（貫）							250						250	
鉄（丸）							28	8	3				39	
鰹（連）				710	130		100	320	15			2	1,277	
鮨（俵）							15							
鰯（俵）	190	20	296	20	50		390	1,960	260	100			3,286	
鯖（俵）			1,000	350	1,538		50	2,270					5,208	
くらげ（盃）					△2,000 500		△300 ＊25 1,950	500					2,950	△2,300 ＊25俵
いっさき（俵）							60						60	
塩鯵（俵）								10					10	
塩鰯（俵）								25					25	
塩鯖（俵）							150						150	
干鯛（枚）						40							40	
干鯖（枚）						10							10	
昆布（丸）												5	5	
焼物（俵）			102		166	118	37		45	50			518	
多葉粉（丸）		5		1	18	7		8	12		＊20	21	92	＊20櫃
刻多葉粉（櫃）								26					26	
狸皮（枚）						2,670							2,670	
狐皮（枚）						3,170							3,170	
狸狐皮（丸）			5										5	
牛房（駄）											5	23	28	
かまき	3,740	500											4,240	
あえ玉（俵）		5											5	
戸障子	50												50	
栗（俵）											10		10	
蓬（枚）			480										480	

（出典）拙稿「毎日記の分析—☒☒—博多の交通を中心に—」

右ゟ当年相究候船数薪〆高之文引之
残薪〆高四万弐千三百廿〆　　船数六拾弐艘
右之船数并薪〆高当年相減し候分如此

つまり、宝永五年（一七〇八）には、船数が一三四艘で薪高が一一万八、七五〇〆であったが、享保二年（一七一七）には船数として七二艘、薪高が七万六、四三〇〆に削減された。宝永五年（一七〇八）のように薪の規制が守られていなかったことが移出制限を強化した要因と考えられる。さらに、同六年（一七〇七）には、「筑前、瀬戸内、上方筋薪下直ニ成り合方不宜候故入来少く御国船茂右之首尾ニテ薪積出不申候」[60]とあるように、対馬藩の薪の販売先である筑前、瀬戸内、上方の薪直段が下落し、思うように廻船が来港しなくなったことも薪の積み出しが削減された理由の一つであろう。

この規制に基づいて享保二年（一七一七）に薪積船が出港していった。その船籍と艘数は、播州船二三艘、壱州船一五艘、御国船一四艘であり、筑前船は、次の通りである。[61]

一、筑前船拾弐反帆弐艘　　渡辺弥七
　　　　　　　　　　　　　加野利兵衛
一、同拾反帆四艘　　　　　中無田助右衛門
　　　　　　　　　　　　　中無田伊左衛門
　　　　　　　　　　　　　田代徳兵衛
　　　　　　　　　　　　　鋸屋甚兵衛
一、同拾反帆　　　　　　　坂本安左衛門
　　　　　　　　　　　　　宮野市郎右衛門

加野　宇右衛門
西村　徳右衛門
木村与三右衛門
市山　藤兵衛
田辺　与三左衛門
網屋　与三兵衛
紙屋　文五郎
竹若　又五郎
一、同九反帆　丸嶋　三郎兵衛
まけ《(げカ)》や　吉兵衛
一、同八反帆　町野　善七
一、同七反帆　小野　甚右衛門
合船数弐拾艘
　但、壱ケ年ニ壱艘前ニ一立テ宛薪為積候様ニ如此

このように享保二年（一七一七）の筑前船は、七反帆から一二反帆までの二〇艘の廻船によって薪を輸送することになった。播州船以外の廻船には、その船籍の地域で薪を取り扱っていると思われる商人が記されている。ただし、壱岐船は全て沖船頭である。この年の薪積船は全部で七二艘で、このうち筑前船（二〇艘）二七・八％、播州船（二四艘）三一・九％、御国船（一四艘）一九・四％、壱州船（一五艘）二〇・八％の割合であった[62]。宝永五年（一七〇八）の各廻船の艘数とその割

合を比べると、御国船は艘数、割合とも大幅に減少している。筑前船の船数は減っているものの、全体の割合は逆に増えている。

対馬藩の貴重な移出品である薪の供給先である福岡藩には対州屋敷があった。当然ながら薪の取り扱いについて対馬藩にとって薪は貴重品であることから、その対州屋敷が関わっていたことは間違いなかろう。対馬藩の特産物である薪が、福岡藩のエネルギー不足を一時期にせよ[63]、その供給を担っていたのは事実である。

この薪の輸送は、「播州辺之船、肥前田代之年貢米を積来、帰船之節、村々ニ而薪積帰候、十五反帆一艘に薪積高之運上銀二三百目充、府中に而取立候」[64]とあり、田代から年貢米を輸送し、その帰りに薪を積み帰った。この播州船の目的は年貢米の輸送ではなく、薪の輸送にあったことは言うまでもない。

こうした対馬藩の移出入の物資は、対州屋敷—対馬問屋などを通じて販売されていたと思われる。福岡藩には幕末期までこの対馬問屋があり、後述するように冥加銀を支払っていたのも事実である。その国問屋は蔵屋敷に専属され、蔵物や納屋物の販売を委託されていた。つまり、対州屋敷はそれらの各商品の流通に関わっていたといえる。

第三に、博多の対馬問屋からの冥加銀の取り立てがある。当初から対州屋敷が冥加銀の取り立てを行っていたか定かではない。ただ、次の文言を見ることにしよう[65]。

文政十一年子七月三日　　博多御門番

三嶋甚左衛門

原　信五兵衛

右者博多問屋冥加銀取立之儀ニ付今骨折候付褒美相与

これから文政一一年（一八七九）七月に対州屋敷の組織の一つでる博多屋敷御門番の三嶋甚左衛門、原信五兵衛が冥加銀の取り立てを行っていたことがわかる。これから対州屋敷の業務の一つが冥加銀の取り立てにあったといってよかろう。この博多御門番の二人の身分や位は明らかではないが、享保一一年（一七二六）に三嶋長三郎が博多御門番に任命されている。この三嶋長三郎が先の三嶋と姻戚かどうかは定かではない。三嶋長三郎は、対馬藩の由緒ある商人とされている六十人格商人であり、博多御門番に任命される際六十人格は解かれている。対馬藩の由緒ある六十人格商人をわざわざ任命した要因も冥加銀の取り立てにあったのであろう。

対州屋敷のその他の仕事としては、難破船や漂着船の処理(66)や以酊庵の僧が京都に帰る際、箱崎や太宰府見物の案内(67)などの雑用もあった(68)。

以上のことから対州屋敷は、明らかに前述した宮本又次氏の蔵屋敷の定義の通りの業務を行っていたことになる。ただ、他藩と違う点は、米を自藩の飛地の田代領、朝鮮、福岡藩、播州などから藩内へ移入していることである。このような物資の需給を行う前線基地が博多の「対州屋敷」であった。

四　対州屋敷の廃止

実は、『宗家文庫史料』のなかに「御倹徳ニ付京都、博多、勝本御屋敷被廃御届向之覚書」（寛政元年〈一七八九〉）といった史料がある(69)。これによれば対馬藩は、京都、博多、勝本の各屋敷を倹約のため廃止することを公儀に届けている。このことを具体的に記しているのが、次の史料である。

京都、博多、勝本御屋敷被廃方之儀、巳酉六月十五日相済候段、古川蔵人ゟ申来御届書左ニ記委細者来状ニ有之

（中略）

扨亦筑前博多、壱岐勝本江茂屋鋪を設置候得共、是又勘略仕建家追々解除可申候有来之儀を相省候事故、此段御届申候、

以上

六月十五日

宗之内

濱田源左衛門

右之通三ヶ所之御屋鋪公辺御届相済候（後略）

つまり、京都、筑前博多と壱岐勝本の屋敷の廃止を対馬藩は、寛政元年（一七八九）六月に正式に公儀に届けたことを記しているのである。それは対馬藩が朝鮮貿易の衰退などから藩財政が悪化し、藩機構の簡素化を計ったものと思われる。ちなみに、京都屋敷は大坂屋敷の管轄下に吸収された(70)。それに対して福岡藩の対州屋敷は田代屋敷と密接な関係であったが、京都屋敷が大坂屋敷に吸収されたようにはならなかった。対州屋敷の廃止後、それと田代屋敷との関係は明らかではない。

ところで、この博多の対州屋敷の廃止が公儀へ届け出されたものの、その取り扱いについて対馬藩は福岡藩家老に書状を提出している。その一部が次の文言である(71)。

博多御蔵屋敷之儀、彼方取片付相済候以上も、当分其許ゟ之支配ニ被仰付候、就右御勘定手代倉田忠蔵儀博多江被召仕候（後略）

つまり、対州屋敷の跡片づけが終わった後は、福岡藩にその支配を行ってほしいことと、対馬藩の勘定方手代の倉田忠蔵を残務整理に派遣していることがわかる。このことは前述の寛政九年（一七九七）の幕府巡検使に対して、対馬藩は「近年倹約ニ付当分為引軽キ者召置候(72)」と述べていることからも裏付けられる。ただ、その後も対馬藩は屋敷守と称して博多

御門番を配置し、それまで対州屋敷が行っていた業務を引き継いでいた。この屋敷守は、その後どのような名称で呼ばれていたかは定かではない。

対馬藩が何時まで残務整理のため人を派遣していたかは、『宗家文庫史料』を見る限り、嘉永四年（一八五一）に田代使番の喜代八が「博多勤申付」られたのが最後である。[73]つまり、博多の対州屋敷は寛政元年（一七八九）に廃止届を提出したものの、その後もその機能や役割は縮小しながらも継続されていった。それだけ対馬藩にとって博多のもつ意義はすこぶる大きかったと言える。

対州屋敷の存亡に関して、博多の古図からアプローチすることにしよう。前述したように対馬藩は、寛政元年（一七八九）に公儀へ対州屋敷の廃止届を提出しており、当然ながらその後の対州屋敷は博多古図には記されていないものがあって然るべきところである。しかし、そのような地図は管見する限り見あたらないし、文政六年（一八二三）より少し前頃と思われる博多古図には対州屋敷が描かれている。[74]また対州屋敷の場所が古図によって異なっており、地図上における対州屋敷があったことを示す場所の信憑性には疑問が残るところである。いずれにしても、対州屋敷の存在意義は、文政六年（一八二三）にはなくなっていなかったといえる。それは約三〇年近く経って対馬藩は、博多に役人を派遣し続けていたとは言え、位が低いものたちであったことからも明らかである。

このように対州屋敷の存続については、公儀への届出と実態とは違いが見える。その対州屋敷について、明治八年（一八七五）の「博多御屋敷御普請入料記[75]」なる史料がある。ちなみに対馬藩は明治二年（一八六九）に厳原県、同年九月に伊万里県、同五年（一八七二）五月に佐賀県となった。そうして同年八月に長崎県に編成替えになった。この「博多御屋敷御普請入料記」には「厳原倉家弐軒買入建込諸入料」との文言があり、新たに倉屋敷と思われる家を二軒購入したことを明らかにしている。つまり、明治八年（一八七五）に旧対馬藩の蔵屋敷が存在していることがわかる。ただ、これと徳川政権下での「対州屋敷」との関係については、今後の研究課題としておきたい。

五　おわりに

所謂「鎖国」体制が確立していくなかで中世の貿易都市博多は、貿易港を長崎に奪われていった。一六世紀から一七世紀前半にかけて朝鮮貿易で繁栄した博多は、その後対馬藩への生活物資の積出港に変化せざるをえなかった。このように時代が移り変わるとともに、対馬藩は福岡藩との関係を大きく変化させていった。しかし、福岡藩から対馬藩への生活物資の流通は、一八世紀中葉になると大幅に減少していき、それまでの繁栄は影を潜めることになった。それは下関が地方市場としての地位を確立する時期でもあった。福岡藩は地方市場として確立する下関に対馬藩の物資集散基地を奪われ、それに代わって地方市場下関から対馬へ生活物資が入り込むようになった。このことは府中・厳原港に入港する廻船が下関経由で生活物資を輸送してくることから明らかである。一八世紀は西南地域の諸藩が、地方市場の下関との関係を強めていった時期でもある。こうして対馬藩と福岡藩の関係の盛衰は、下関が地方市場として確立する過程と一致していたといえる。

一方、対馬藩の特産物である薪の供給は依然として継続していた。その供給先の一つとして福岡藩があった。福岡藩は日常的にエネルギー（燃料）不足であったため、薪の供給を受けなければならない状況におかれていた。こうした福岡藩の薪不足をカバーしていたのが、対馬藩の薪であった。そうして対馬藩は藩内の薪事情の悪化から、宝永五年（一七〇八）に薪積船の艘数、薪の数量を初めて規制した。

そうしたなかで福岡藩では、新たなエネルギーの石炭が普及していき、同藩のエネルギー不足は解消していった。それは一八世紀以降唯一薪で結びついていた対馬藩と福岡藩の経済的関係が衰微していったことを意味している。
また、所謂「鎖国」体制のもとで、慶長一二年（一六〇七）から文化八年（一八一一）までの一二回にわたり、朝鮮から外交使節の「通信使」一行が来日してきた。その「通信使」一行が江戸参府の際、途中宿泊した一つに福岡藩の「相島」があった。福岡藩はそこに迎賓館の有待邸を建設し、最大限の歓迎を行った(76)。つまり、福岡藩は、徳川政権の外交の一端を担っていたといえる。このことが対馬藩と福岡藩の政治的接点である。

このように対馬藩と福岡藩は、政治的かつ経済的にも密接な関係があったことを明らかにすることが出来た。その象徴が博多に設置された「対州屋敷」の存在であった。この対州屋敷について、考古学の研究成果を踏まえ、沖濱の埋立時期を考慮しなければならないことがわかった。また、これまで福岡藩側の町方史料、とりわけ伝承によるものから主に言い伝えられてきたが、それは福岡藩の藩政史料が見つからず、町方史料に依存するほかなかったことに起因する。

以上のことを踏まえて明らかにできたのは、次の通りである。

一、対州屋敷は、元和元年（一六一五）から元和九年（一六二三）の間に設立せれた。
二、対州屋敷の廃止届が寛政元年（一七八九）に提出されたが、その実態は規模を縮小させながら継続していた。
三、対州屋敷の場所も漠然ながら特定できた。
四、対州屋敷の最高責任者の博多役が任命されたのは、正保二、三年（一六四五・六）であり、その名前と身分を明らかにすることができた。
五、対州屋敷が、蔵屋敷であったことを明らかに出来た。
六、その一つとして、田代領からの米や福岡藩からの生活物資の供給や大豆相場などの経済情報の提供を行っていた。
七、第二に対馬藩は、薪の積み出しに対して薪積船や薪の〆数などを規制するなかで、その薪は福岡藩のエネルギー

（燃料）不足を補う一旦を担っていた。

本章では藩レベルの政治、経済関係に主眼点をおいたが、民間レベルにおける物資流通については言及できなかった。その理由は、物資に関する史料不足のため言及できなかった。そうしたなかにあって『博多津要録』、『博多運上帳』、『福岡県史（近世史料編　福岡藩町方〈一〉）』などに、数軒の対馬問屋の存在を知ることができる程度である。一方、対馬藩内における「博多問屋」の存在も「表書札方毎日記」において確認することができる。

今後、対州屋敷の場所については、考古学の発掘調査に期待するとともに、対馬藩や福岡藩の文献史料の発見にも力を入れる必要がある。そうして「対州屋敷」の機構、「博多役」の性格、薪をはじめとした生活物資の流通（数量、機構、町人）などをより一層と明らかにし、福岡藩と対馬藩の関係の研究をさらに深化させる必要があろう。

最後に、現在対馬（下県郡、上県郡）は長崎県の行政区に属しているが、交通、通信などを考えると福岡県に属しもおかしくはないであろう。戦後、福岡県議会で対馬の帰属問題が取りざたされこともあった。(77)

（注）

（1）田中健夫『中世海外交渉史の研究』（東京大学出版会、一九七五年五月）六三頁

（2）武野要子『博多の豪商』（葦書房、一九八〇年四月）、川添昭二編『よみがえる中世〈一〉東アジアの国際都市　博多』（平凡社、一九八八年八月）

（3）宮本又次「博多と福岡―その社会経済史の概観―」（福岡商工会議所『九州経済史論集』第二巻、一九五六年五月）、武野要子『藩貿易史の研究』（ミネルヴァ書房、一九七九年六月）、

（4）この対州屋敷について『通航一覧』には「筑前博多屋敷」、「賀島兵介言上書」（『日本経済叢書巻二十六』）は「博多蔵本番」、『宗家文庫史料』では「博多御屋敷」、「博多御蔵屋敷」などと記されている。ここでは伝承として広く用いられている「対州屋敷」で統一した。

（5）『通航一覧』第三巻一二五、五六〇頁、（以後『通航』三―一二五――五六〇）

(6) 基肄群と養父郡の北半分を田代領と呼ぶ。(『日本地名辞典　佐賀県』、角川書店、一六七〇年三月）二四一頁
(7) 博多の対州屋敷の責任者は、博多役、博多代官、博多御蔵屋敷番などと称されているが、「博多役」で統一した。
(8) 尾道博「宗家文庫『毎日記』の分析」(『西南地域の史的展開』第六輯、文献出版、一九八八年一月)、同「対馬藩における流通網について」(『日本水上交通史論集第五巻　九州水上交通史』思文閣出版　一九九三年六月)
(9) 小林茂「近世下関の発達とその歴史的意義」(『下関商経論集』第六巻　第二号)、関順也「近世港町の発達とその転換過程」(『東亜経済研究』第三六巻　第三号)、藤本隆士「鯨油の流通と地方市場の形成」(『九州文化史研究紀要』第二三号)
(10) 三宅英利『近世日朝関係史の研究』(文献出版社、一九八六年三月)
(11)『長崎県史（藩政編）』(長崎県、一九七三年一二月)
(12)『歴史学研究』九六号、九七号
(13)『史淵』六二号、一九八六年三月
(14)『九州文化史研究所紀要』第一号（九州大学九州文化史研究所、一九五一年三月）
(15) 思文閣出版、一九八二年一一月
(16) 東京大学近世研究会『きんせい』第八号、一九八三年五月
(17) 福岡市教育委員会「博多一」(一九九二年一二月)～同「博多四二」(一九九四年)、福岡市教育委員会「都市計画道路博多駅築港線関係埋蔵文化財調査報告　博多」(一九八五年から一九九一年)、佐伯弘次「中世都市博多の発展と息濱」(川添昭二還暦記念会編『日本中世史論攷』文献出版、一九八七年三月)、川添昭二編『よみがえる中世（一）東アジアの国際都市　博多』(平凡社、一九八八年八月)、宮本雅明「空間志向の都市史」(『日本都市史入門　Ⅰ空間』東京大学出版会、一九八九年一一月)、大場康時「中世都市から近世都市へ―発掘成果見た一六・一七世紀―」(『西南地域史研究』第一三号、文献出版社)、
(18)「毎日記」は各部署で作成され、現存しているものといないものがある。現存しているものも完全な形ではない。「毎日記」については泉澄一氏の一連の論文に詳しい。
(19) 長崎県立対馬歴史民俗資料館所蔵『宗家文庫史料』
(20) 同『宗家文庫史料』に含まれる「記録類」
(21)『石城志』によれば「天正一五年丁亥、秀吉公、(略) 然るに、薩摩出水郡は宗氏の領地なりけるが、(略) 肥前基山、養父、の二郡を代地に賜ふ。此時、乞に依て、沖濱の中、方三〇間の邸地をも賜りける。然は、対馬小路といえるも、町割ありし初めよりの名なるべし」とあり、これまでの研究ではこの史料に依拠していることが多い。田代を拝領したとき所望した蔵屋敷が既設のものかどうかは

確証できない。

(22)「勝本・博多・田代」〈寛永一二年ゟ寛延四年迄〉（長崎県立対馬歴史民俗資料館所蔵『宗家文庫史料』、以後「博多」と表示）
(23)籐定房『対州編年略』（鈴木三編、東京堂出版、一九七二年六月）二三一頁
(24)『福岡県史（近世史料編 福岡藩町方（一））』（一九八七年三月）一三八頁、
(25)「問答覚書」（九州大学九州文化史研究所所蔵）
(26)『宗家文庫史料』
(27)住吉神社所蔵「博多古図」には記されているが、その評価が分かれている。
(28)『福岡縣史資料』第二輯
(29)『福岡縣史資料』第六輯
(30)『福岡縣史資料』第八輯
(31)『博多津要録（第三巻）』付録図（西日本文化協会、一九七五年三月）
(32)福岡市教育委員会から「博多」が発行され、それに福岡市埋蔵文化センターの博多遺跡跡郡発掘の調査結果がまとめられている。
(33)福岡市教育委員会「博多三二」（一九九二年三月）
(34)福岡市教育委員会「博多Ⅷ」（一九八七年三月）、『古代の博多』（九州大学出版会、一九八四年五月）三二五頁～三三七頁
(35)伊東尾四郎校訂（文献出版社、一九七〇年五月）六頁
(36)田坂大蔵、春日古文書を読む会校訂（文献出版、一九八五年一二月）二一六頁
(37)「博多」
(38)「博多」
(39)『通航』三―一二九―五一五～五一六
(40)檜垣「前掲論文」
(41)「博多」
(42)『通航』三―一三二―五七四
(43)『通航』三―一三二―五七四
(44)「博多」
(45)宮本又次『大阪の研究四』（清文堂、昭和四五年一月）

(46)鶴田啓「前掲論文」(一九八三年)
(47)長崎県立対馬歴史民俗資料館所蔵『宗家文庫史料』(「記録類」)
(48)延宝六年(一六七八)に「他国へ出之候御法度物之覚」に雑穀が含まれている。(『長崎県史(史料編第二)』五九四頁
(49)郡役所「毎日記」〈正徳五年〉(長崎県立歴史民俗資料館所蔵)
(50)尾道博「前掲論文」(一九八八年)
(51)尾道博「前掲論文」(一九九三年)
(52)尾道博「前掲論文」(一九九三年)
(53)尾道博「前掲論文」(一九九三年)
(54)～(58)郡役所「毎日記」〈宝永五年〉(長崎県立対馬歴史民俗資料館所蔵)
(59)郡役所「毎日記」〈享保二年〉(長崎県立対馬歴史民俗資料館所蔵)
(60)郡役所「毎日記」〈宝永五年〉
(61)～(62)郡役所「毎日記」〈享保二年〉
(63)遠藤正男『九州経済史研究』(日本評論社、一九六五年)、隅谷三喜男『日本石炭産業分析』(岩波書店、一九六七年九月)、檜垣元吉「北九州の石炭」(地方史研究協議会編『日本産業史体系八―九州地方編―』東京大学出版会、一九六六年五月)、松下志郎「福岡藩の焚石・石炭旅売仕組について」(秀村選三他編『近代経済の歴史的基盤』ミネルヴァ書房、一九七七年三月)、山田秀「福岡藩における商品流通統制の一考察」(『西南地域史研究』第六輯、文献出版、一九八八年四月)、『御仕立炭山定―福岡藩山方史料―』(福岡大学研究所、一九七八年三月)、『福岡縣史資料』第一輯、三九一頁
(64)『通航』三―一三二―五六八
(65)「田代、松浦、怡土、博多」〈寛政三年ゟ嘉永七年〉(長崎県立対馬歴史民俗資料館所蔵『宗家文庫史料』)
(66)享保二十乙卯年「田代、長崎、博多、勝本往復頭書状控」(長崎県立対馬歴史民俗資料館所蔵)
(67)「博多」
(68)享保期になると鷹狩りが復活するが、その際鷹の餌の鶏、鶴などの供給の一つを担っていたのが対州屋敷であった。また、献上鷹が残った場合の処理の窓口になていたのも対州屋敷であった。
(69)長崎県立対馬歴史資料館所蔵『宗家文庫史料』「記録類」(以下「御倹徳」と表示)
(70)「御倹徳」

(71)「御倹徳」
(72)「問答覚書」(九州大学九州文化史研究所所蔵)
(73)前掲「田代、松浦、怡土、博多」
(74)『博多津要録(第三巻)』附録図
(75)慶応大学図書館所蔵『宗家記録』
(76)三宅英利『前掲書』(一九六八年)五六五頁〜六二九頁、同『近世アジアの日本と朝鮮貿易』(朝日新聞社、一九九三年一二月)一〇八頁〜一一五頁
(77)昭和二三年『福岡県議会会議録』(福岡県議会図書館所蔵)

結語

対馬藩の経済は、博多から朝鮮釜山の海域における経済活動のなかで対馬藩を通して朝鮮貿易の物資が流通すると同時に、日本国内の生活物資を大坂以西から輸送されて初めて再生産できるシステムになっている。つまり幕府も認めた朝鮮貿易において両国から供給された商品が対馬藩を媒介として日本市場と朝鮮市場に輸送され、そこで売買が成立し大きな利潤をあげた。それを元手にして博多をはじめ播州赤穂から大坂に至る瀬戸内海地域の廻船によって対馬の人々の生活物資が供給されることによって藩経済は、初めて完結することができたのである。

こうしたことから本書の目的は、鎖国体制下における対馬藩にとって朝鮮貿易のもつ意義について求請鷹の流通先などを明らかにすることによって求請の位置づけと、生糸、朝鮮人参の取引実態解明を試みることが第一の目的であった。第二の目的は、博多をはじめ中央市場の大坂にいたる地域から朝鮮貿易の輸出品や多種多様の生活商品を対馬藩に輸送してきた廻船の船籍や商品供給地、物資の数量などを明らかにすることであった。第三の目的としては福岡藩の博多屋敷の性格や機能について明らかにすることであった。

その結果、以下のようことを明らかにすることができた。第一に対馬藩は朝鮮貿易の経営権を維持するため、幕府の政策に対応しながら支配権力を象徴する一つである鷹の先買特権を行使し、幕府などに鷹を献上する一方で、幕府の政策に翻弄されながら求請鷹の輸入が禁止される間には経済の中心となる米の確保に力を注いでいたこと、第二に生糸の輸入においては、長崎貿易からの輸入が中心であった「長崎の時代」から対馬口からの輸入にその中心が移り「対馬の時代」となり、さらに生糸の国産化に成功し「国産の時代」となり、明治期の産業革命へ継続されたことを明らかにするとともに、第三に朝鮮人参の輸入においても名目輸入高と実質輸入高といった二重帳簿的に輸入数量を使い分けながら、朝鮮人参の確保と最大限の利益を上げることに全力を傾けていたこと、第四に対馬藩に入港する廻船は、九州諸藩を中心に大坂以西の船籍をもち、多種多様な生活物資を対馬藩に運送されていたことなどを明らかにした。第五は、その中心的な役割を担うとともに、それらの価格の情報などをキャッチする役割としての機能を持ったのが福岡藩に設置された対州屋敷であることと、その設置場所を明らかにしたことである。こうしたことから対馬藩は自ら藩経済を完成させるため、国内や朝鮮から取引品のうちとりわけ生糸、朝鮮人参を担保として国内から生活物資の供給を受け多くの廻船が府中・厳原港へ入港し、輸出入品や生活物資が流通する「対馬流通圏」と称する流通圏が構築されていったことを明らかにした。

最後に本研究で論じることが出来なかった問題点と課題について触れておきたい。第一の問題点は、本研究では輸入の問題にのみ論じ、輸出について触れなかったことである。日朝貿易はバーター取引がなされており、輸出問題が欠落していると指摘されても仕方がない。ただ日朝貿易の問題の本質は、無高に等しくかつ主な産業もないことを考えるならば対馬藩の藩経済は、どのように成り立っていたのかが問題である。つまり対馬藩を中継して朝鮮貿易の物資が日本市場に供給される一方で、国内の生活物資が対馬藩へ供給された。国境の島で産業が乏しい小藩に経済的な魅力がない限り、本書で論じたように国内の廻船が寄港してくるのは難しい。しかし対馬藩の場合、「朝鮮貿易」と言うブランドの魅力があることから多くの船籍をもつ廻船が入港してきた。その場合空船で入港することは考えられず、何らかの物資を積み入港していた。その物資を取扱う商人や取引価格について明らかにすることができなかったことが、今後の課題である。

第二の問題点は、貿易物資を取り扱う商人について触れられなかったことである。日朝間の貿易商人には、対馬藩の六十人格商人と朝鮮の東莱商人が存在していた。この商人問題は極めて重要な課題であり、これまでの研究史において最も遅れている問題でもある。この問題は、今後の日朝間における重要なテーマであることは間違いない。

現在の地名は長崎県対馬市で全島が行政区域になっている。対馬は長崎県でありながら本書でも分かるように福岡との関わりのほうが大きい。例えば電話番号でも福岡局の市外局番であり、交通機関も福岡中心に運用されている。こうしたことから実は、歴史的に対馬は福岡県への転県問題が存在している。それほど対馬は、福岡との関係が強い国境の島であることは、本書においても理解して頂いたと思う。対馬の観光をはじめ経済的側面から考えて見た場合もこの問題は、もう一度真剣に考える必要がある。本書は、その面からも問題提起したい。

あとがき

今日、私があるのは、大学院に入り学問の厳しさ商業史の面白さを教示して頂いた藤本隆士先生（福岡大学名誉教授）、貿易史の研究のイロハから教示して頂いた武野要子先生（福岡大学名誉教授）、学部時代から今日まで公私わたり何時も厳しいなかにも易しく励まして頂いた河井田研朗先生（福岡大学元副学長、名誉教授）や学部時代に経済史の面白さを教授していて頂いた松原建彦先生（福岡大学名誉教授）、大学院進学を決める際いろいろなアドバイスを頂いた井田高之先生（福岡医療短期大学教授）などのお陰である。また山田秀先生（九州産業大学商学部教授）には大学院入学から古文書の読み方の教示や今日まで私のわがままばかりを聞いて頂くなどお世話になり続けている。

泉澄一先生（関西大学名誉教授）、田代和生先生（慶応義塾大学名誉教授）には長崎県立対馬歴史民俗資料館でお会いして以来、いろいろご指導を賜りながら今日に至っている。長崎県立対馬歴史民俗資料館の歴代の職員の皆様には、史料蒐集の際、何かとご配慮を頂いた。とりわけ対馬をこよなく愛し続けられた故長郷嘉壽先生には、「毎日記」の記述の仕方や読み方など宗家文庫史料のイロハを教わった。感謝の一念である。

岩永忠康先生（佐賀大学名誉教授）には、学部卒業から公私にわたり色々と支援、助言、叱咤激励などを頂き元気を取り戻すことができ、今日あるのは岩永忠康先生がいたからであるといっても過言ではない。それに故田中俊宏先生（福岡大学経済学部教授）は何時も遊びに誘って頂き、また時代に即した研究の重要さなど研究のあるべき姿などの指導を頂いた。

先生には、私が人生で一番苦悩していたとき大事な研究時間を割いて色々なアドバイスや励ましを頂きどれだけ心の支えになったか分からない。その田中俊宏先生は二〇〇九年八月二十八日、突然この世を去っていかれた。無念の一言である。この場をかりて安らかに永眠されることをご祈念申し上げるとともに心から感謝の意を表したい。

このほか秀村選三先生（九州大学名誉教授）、岡本幸雄先生（西南学院大学名誉教授）、東定宣昌先生（九州大学名誉教授）、荻野喜弘先生（下関市立大学学長）、江藤彰彦先生（久留米大学経済学部教授）、東條正先生（長崎大学副学長）、今野孝先生（福岡大学商学部教授）、永江眞夫先生（福岡大学経済学部教授）、井奥成彦先生（慶応義塾大学文学部教授）、西村卓先生（同志社大学経済学部教授）、河田章先生（岡山・関西高等学校教諭）、原康記先生（九州産業大学商学部教授）、など多くの先生方にお世話になった。また峰日出人氏（九州国際大学）、後藤正明氏（福岡大学総合研究所）、重久幸子氏（福岡市立総合図書館）らには資料や文献の紹介などでお世話になった。

研究上韓国の研究者とも交流させて頂いた。故黄明水先生（壇国大学名誉教授）ご夫婦、金東哲先生（釜山大学文学部教授）、鄭成一先生（光州女子大学教授）など多くの先生方にお世話になりながらお礼の言葉もなく今日まで来てしまった。ここに深く謝意を表したい。

九一年に及ぶ苦難の人生を歩んだ母が、被爆の影響を直接受けないまでも、原爆症の症状に数えられる病に冒されながら二〇〇九年八月二五日永眠した。「この間私が、何の親孝行もできないまま今日まで生きてこれたのも母の叱咤、激励があったからだ。元気印であった母に一日でも長く生きてほしい。この書を病に負けず一人で頑張っている母に捧げたい。」と書くつもりでいたが、私が怠けたことからこの出版が遅れてしまった。おそばせながらここに母の墓前に捧げたい。

また妻裕子には何時も我が儘を聞いてもらい、感謝の念で一杯である。娘達もすくすく育ち、誰にも迷惑をかけることなく成長してくれた。これも皆、裕子のお陰である。心からこの一冊を捧げたい。

最後に出版にあたり五絃舎の長谷雅春社長には、無理難題のお願いを聞いて頂くなどこの本の出版まで終始ご配慮頂き感謝申し上げたい。また本書の出版にあたり日本文理大学商経学会より出版助成を受けた。

二〇一三年二月

尾道　博

初出一覧

序論

「近世日朝貿易の位置づけ　～鎖国論との関係を中心にして～」（日本文理大学公開講座『公開講座講演集』第一一号、一九九〇年三月）を全面改訂

第一部

第一章：「鷹供給ルートとしての朝鮮貿易」（佐賀大学『経済論叢』第四五巻　第一号　二〇一二年四月）

第二章：「朝鮮人参の輸入高をめぐる問題点」（日本文理大学『商経学会誌』第一五巻　第二号　一九九七年三月）

第三章：「朝鮮貿易における白糸貿易に関する一考察」（日本文理大学太平洋研究所『研究紀要』第二号　一九九一年一〇月）

第二部

第四章：「府中港の商品集積とその流通について（「宗家文庫「毎日記」の分析～対馬―博多の交通を中心に～」、秀村選三先生退官記念論文集『西南地域の史的展開（近世編）』思文閣、一九八八年一月）

第五章：「対馬藩における流通網について（『日本水上交通史論集～九州水上交通史～』（第五巻）、文献出版、一九九三年六月）

第六章：「博多における対馬藩蔵屋敷（対州屋敷）について～『宗家文庫』を中心にして」（『福岡県地域史研究』第一四号一九九六年三月）

参考文献

〈著書〉

（1）中村栄孝『日鮮関係史の研究（上中下）』（吉川弘文館、一九六五年九月）
（2）田中建夫『中世日朝関係史の研究』（東京大学出版会、一九七五年）
（3）田中建夫『中世海外交渉史の研究』（東京大学出版会、一九七五年五月）
（4）田代和生『近世日朝通交貿易史の研究』（創文社、一九八一年一〇月）
（5）田代和生『倭館』（文春新書、二〇〇二年一〇月）
（6）田代和生『江戸時代朝鮮薬材調査の研究』（慶應義塾大学出版会、一九九九年一二月）
（7）田代和生『書き替えられた国書』（中央公論社、一九九〇年月）
（8）田代和生『日朝交易と対馬藩』（創文社、二〇〇七年九月）
（9）三宅英利『近世日朝関係史の研究』（文献出版、一九八六年三月）
（10）三宅英利『近世アジアの日本と朝鮮半島』（朝日新聞、一九九三年一二月）
（11）泉澄一『釜山窯の史的研究』（関西大学出版部、一九八六年一〇月）
（12）泉澄一『対馬藩の研究』（関西大学出版部、二〇〇一年一〇月）
（13）荒野泰典『近世日本と東アジア』（東京大学出版会、一九八八年一〇月）
（14）村井章介『中世倭人伝』（岩波新書、一九九三年三月）

(15) 山本博文『寛永時代』(吉川弘文館、一九八九年七月)
(16) 山本博文『鎖国と海禁の時代』(校倉書房、一九九五年六月)
(17) 武田万里子『鎖国と国境の成立』(同成社、二〇〇五年八月)
(18) 曽根勇二・木村直也編『新しい近世史~国家と対外関係~』(新人物往来社、一九九六年六月)
(19) 金井圓二十『日蘭交渉史の研究』(思文閣出版、一九八六年七月)
(20) 李憲昶著、須川英徳・六反田豊訳『韓国経済通史』(法政大学出版局、二〇〇四年三月)

(著者紹介)

尾道　博（おのみち　ひろし）

1949年　長崎市生まれ。

1973年　福岡大学経済学部卒業。

1979年　福岡大学大学院博士課程後期満期退学，
福岡海星女子学院高等学校教諭（1984年3月迄）。

1984年　日本文理大学商経学部専任講師。

1997年　日本文理大学商経学部教授。

2003年　日本文理大学経営経済学部教授。

著書：

西南地域史研究編『西南地域の史的展開（近世編）』（思文閣，1988年1月），
武野要子編『商業史概論』（有斐閣，1993年6月），
柚木学編『日本水上交通史論集　第5巻　九州水上交通史』（文献出版，1995年5月），
朝日新聞編『博多学5』（朝日新聞，2006年3月）など多数。

論文：

「対馬藩の貿易資金調達について」（『西南地域史研究』第6輯，1988年4月），
「博多における対馬藩蔵屋敷（対州屋敷）について―『宗家文庫』を中心にして―」（『福岡県史研究』，1996年3月）など多数。

翻訳：

鄭成一「朝鮮後期対日貿易に参加した商賈都中の規模と活動」（日本文理大学商経学会『商経学会誌』第17巻第1号，1999年10月）
金東哲「朝鮮後期倭館開市貿易と東莱商人」（日本文理大学商経学会『商経学会誌』第19巻第1号，2000年11月）など多数。

索　引

(あ行)

(か行)

(さ行)

（は行）

（ま行）

（や行）

（ら行）

（わ行）

近世日朝流通史の研究
～博多－対馬－釜山海域経済圏の構築～

2013 年 3 月 25 日　第 1 版第 1 刷発行

著　者：尾道　博
発行者：長谷雅春
発行所：株式会社五絃舎
〒 173-0025　東京都板橋区熊野町 46-7-402
Tel & Fax：03-3957-5587
e-mail：h2-c-msa@db3.so-net.ne.jp
組　版：Office Five Strings
印　刷：モリモト印刷

ISBN978-4-86434-019-9